Vollschlank

Für Christina

Danke...für ALLES

Vollschlank

Dicke Freundinnen

Roman

Thorsten Peter

Impressum:

Thorsten Peter – Vollschlank (2014)

1. Auflage

www.thorsten-peter.de

© Thorsten Peter, 2014

Herstellung und Verlag:

BoD - Books on Demand, Norderstedt

ISBN: 9783738602456

Kapitel 1

Chantal und Hermine waren sich einig, dass es das Schicksal mit ihnen extrem schlecht gemeint hatte. Wahrscheinlich befand es sich damals vor 36 Jahren sogar in einer extrem miesen Phase. Seine beschissene Laune kompensierte es am Tage ihrer Geburt wohl dadurch, zwei unschuldige Babys mit Eltern, die so gar kein Gespür für vernünftige Namen hatten, zu strafen. Und weil das natürlich noch nicht genug war, packte das Schicksal gleich noch die Fettleibigkeit mit drauf und rieb sich hinterher zufrieden, bei einem Feierabendbier, die Hände. In den Augen der beiden Freundinnen war das Schicksal einfach nur ein Arsch. Es hatte auch ihr ganzes bisheriges Leben hart daran gearbeitet, diesem Ruf gerecht zu werden.

Eigentlich übertrieben die beiden Freundinnen kolossal, was die Beschreibung ihrer Körperfülle anging. Doch sie konnten richtig viel Zeit damit verbringen, zu erörtern, warum jetzt gerade sie so sehr benachteiligt waren. Zumindest war das einfacher und auch viel besser, als etwas dagegen zu tun. Mit ihrem Gewicht lagen sie allerdings nur unwesentlich über dem Durchschnitt, aber in ihren Augen waren sie einfach nur dicke Weiber. Jetzt, nach unzähligen Jahren, in denen sie die geilen Männer immer nur an der Seite irgendwelcher flachbrüstigen Hungerhaken wahrgenommen hatten, beschlossen die zwei Freundinnen den Kampf aufzunehmen. Den Kampf gegen ihr schwaches Selbstwertgefühl, den Kampf gegen ihre eigene Lethargie, und wenn dann noch etwas Zeit wäre, wollten sie sich auch noch an den Kampf gegen die zwei oder drei Gramm Übergewicht machen, die sie mit sich herumzuschleppen hatten. Der Traum vom plötzlichen Gewichtsverlust über Nacht wollte sich ja nicht erfüllen. Es war natürlich nicht das erste Mal, dass sie so ein Vorhaben in Angriff genommen hatten. Doch jetzt sollte es klappen. Die Zeit des Zurücksteckens und Leidens sollte endlich vorbei sein. Der Vertrag beim Fitnessstudio bestand ja sowieso schon seit mehreren Jahren. Allerdings hätten sie auf Anhieb nicht einmal sagen können, wo genau sich die Umkleidekabinen befanden. Umgerechnet hatten sie mittlerweile etwa 360€ pro Trainingsstunde ausgegeben. In den letzten zwei Jahren hatte es ihr Terminkalender leider nur vier Mal zugelassen, das Studio zu besuchen. Ganz schön teure Angelegenheit für Schwitzen und Schmerzen ohne messbaren Gewichtsverlust. Und dann auch der schmerzhafte Anblick, der furchtbar durchtrainierten Zicken. Es wurde einem schon einiges abverlangt, wenn man seinem Körper, seinem Aussehen und vor allem seinen

Erfolgschancen, bei dem begehrenswerten Anteil der Männerwelt, auf die Sprünge helfen wollte. Fast schon masochistische Grundzüge musste man an den Tag legen, wenn man seine Kleidergröße geringfügig zum Positiven verändern wollte. Die andere Richtung war leichter. Viel leichter. Und machte auch noch furchtbar Spaß. Zumindest solange, bis sich einem ein Spiegel in den Weg stellte.

Chantal und Hermine saßen in einem Café und stießen gerade auf die eben beschlossene Agenda „VOLLSCHLANK UND SPASS DABEI" mit dem Untertitel „und trotzdem wollen wir abnehmen" an, als vier unverschämt gut aussehende Frauen den Raum betraten. Generell hatten die schon den einen großen Fehler gerade mal zwanzig Jahre alt zu sein. Wenn überhaupt. Das alleine verbuchten Chantal und Hermine schon als Beleidigung der reiferen Generation gegenüber. Was hatten auch die jungen Dinger, die vor ein paar Tagen noch im Kinderparadies bei IKEA abgegeben wurden, in ihrem Café zu suchen. Die Klamotten konnten sie wahrscheinlich noch in der Teenie-Abteilung bei H&M kaufen, so schlank waren sie und natürlich drehten sich alle männlichen Köpfe nach ihnen um. Das waren noch mal gut sechshundert Minuspunkte. Röcke, nicht viel länger als ein Gürtel, verhüllten die kleinen Knackärsche der Aushilfsbarbies und für viel Stoff unterhalb der Brust hatten sie scheinbar auch kein Geld. Alle hatten selbstverständlich ein iPhone in der Hand und posteten wahrscheinlich ihren aktuellen Aufenthaltsort gerade bei Facebook. Natürlich mit Foto. Es war zum Kotzen, wie sich die einen an der Theke in Szene setzten, dass die anderen schicke Fotos machen konnten. Keine Delle war an ihren Beinen zu erkennen. Das Wort Orangenhaut hatten die dünnen Dinger wahrscheinlich noch nie gehört und so viel Anstand, ihre perfekten Körper, den etwas Wohlproportionierteren nicht mit einer Schöpfkelle unter die Nase zu reiben, hatten sie zweifelsohne auch nicht. Insgesamt durchbrachen die neuen Gäste des Cafés alleine schon durch das Betreten des Erwachsenenbereichs, die Schallgrenze von tausend Minuspunkten. Hermine fühlte gerade, wie ihre Motivation bei diesem Anblick mit dem Expressfahrstuhl in ein Stockwerk unterhalb des Kellers befördert wurde und saugte den Sekt auf Ex in sich hinein. Innerlich korrigierte sie die zwei oder drei Gramm Übergewicht auf zwei bis drei Tonnen und spürte, wie sie überall am Körper nervöse Flecken bekam. Sie musste handeln.

»Ich hätte gerne den Megaeisbecher mit extra Sahne«, rief sie der Kellnerin hinterher.

»Was machst du denn jetzt? Wir wollten doch in den Kampf ziehen«, sagte Chantal enttäuscht.

»Schau sie dir doch an. Das ist doch ein Kampf gegen Windmühlen. Die sehen uns nicht mal an und mir kommt es vor, als würden sie uns trotzdem auslachen. Die dürren Stelzen sind schuld daran, dass man sich mit Kleidergröße 38 noch fett fühlt.«

»Seit wann hast du 38?«, fragte Chantal verwundert und runzelte die Stirn. Wenn Hermine in 38 passte, warum sie dann nicht auch!?

»Schon immer. Die nähen immer nur das falsche Etikett rein. Oder es fällt eben zu klein aus.«

Hermine bekam ihren Eisbecher und dieses Mal folgten ihr alle Blicke. Beziehungsweise dem Eisbecher, der eigentlich eher ein Eiseimer war. Unzählige Augenpaare waren auf den Kalorienberg und die dicke Frau davor gerichtet. Und alle schienen sich auf die Zunge zu beißen, um einen abfälligen Kommentar zu unterdrücken. Alle, bis auf eine der Hungerhaken mit den Miniröckchen. Die hatte wohl im Kopf schon den Gesamtkaloriengehalt des Eisbechers zusammengerechnet. Sofern sie überhaupt rechnen konnte.

»Schaut euch die an«, grölte die blonde Schönheit an der Theke mitten ins Café. »Jetzt ist die schon so fett und muss auch noch so einen Eisbecher reindrücken. Da könnte sie doch genauso gut beim Metzger gegenüber zwei Lappen Fett holen und die sich direkt an die Hüften tackern.«

Das war natürlich der Brüller des Tages. Gleich, nachdem für den Bruchteil einer Sekunde betretenes Schweigen geherrscht hatte, beschlossen doch alle

Gäste gleichzeitig, in schallendes Gelächter zu verfallen. Hermine war kurz nach Beschluss der Agenda, mit der alles besser werden sollte, alleine durch den Anblick dieses Miststückes schon am Boden zerstört gewesen. Und jetzt war sie auch noch zum Gespött des ganzen Cafés geworden. Solche Erlebnisse waren auch immer der Grund gewesen, warum sie anstelle des Fitnesstrainings eher ihren Schluckmuskel und die Verdauung in Form gehalten hatte. Kurzzeitig halfen Kalorien immer, um solche Erlebnisse wieder zu verdrängen. Doch am heutigen Tage ließ sich ihre Freundin nicht so einfach unterkriegen und trat an, Hermine bis zum letzten Blutstropfen zu verteidigen. Heute sollte für die beiden der Anfang einer neuen Zeitrechnung werden. Und deshalb sprang Chantal, völlig unverhofft für alle Beteiligten, von ihrem Stuhl auf. Sie ließ sich nicht einmal davon aufhalten, dass sie diesen dabei mit einem lauten Krachen umgeworfen hatte. Früher hätte sie sofort der Gedanke, dass ihr Hintern bei diesem Missgeschick wieder zu dick gewesen war, in die Flucht geschlagen, bevor der Angriff überhaupt begonnen hätte. Wie eine Dampfwalze stürmte sie in Richtung Theke und baute sich mit bebender Brust vor ihrer Gegnerin auf. Beim Einatmen wölbte sich ihr Busen sogar leicht über ihren Ausschnitt, was ihr wiederum, unerwarteterweise, auch noch die Blicke mancher Männer einbrachte. Und die schienen plötzlich gar nicht mehr so negativ zu sein. Chantal war blitzartig der Mittelpunkt eines Melodrams, das sich live und in Farbe in ihrem Lieblingscafé abspielte. Bevor sie zu ihrer Verbalattacke ansetzte, herrschte auf einmal absolute Stille. Nur das Herunterfallen eines Kaffeelöffels durchbrach die gespenstische Ruhe und war gleichzeitig Chantals Startsignal.

»Was glaubst du eigentlich, gibt dir das Recht, so eine unqualifizierte Kacke zu labern und dich über andere lustig zu machen, du abgemagertes Möchtegernmodel?«, schrie Chantal mit ungefähr 120 Dezibel in das Gesicht von Blondchen. Die war so perplex, dass sie keinen Ton herausbrachte, und schien völlig unfähig, irgendetwas Adäquates zu erwidern. Bisher sind die Dicken immer gleich weinend davongerannt. So eine offene Konfrontation war sie überhaupt nicht gewohnt. Chantal nutzte diese Gelegenheit, um in diesem Moment die angestaute Wut der letzten Jahre über die ungerechte Fettpolsterverteilung komplett und in vollem Umfang an ihr auszulassen.

»Glaubst du Männer finden es gut, wenn sie nach einer Nacht mit dir erstmal zum Schreiner müssen, um sich die Spreißel aus ihrem kleinen Freund entfernen zu lassen? Die müssen ja Angst haben, dass du in der Mitte auseinanderbrichst, wenn sie mal ein bisschen härter rangehen.«

Blondchen wich so langsam die Solariumbräune aus dem Gesicht, als Chantal erst so richtig in Fahrt kam. Sie zog an ihrem Top, um einen Blick auf das Flachland werfen zu können, das sich nur durch zwei kleine Bodenwellen von der Oberfläche des Bodensees unterschieden hatte.

»Wo ist denn deine Brust? Hast du die zu Hause vergessen? Bei dir müssen die Männer ja Angst haben, dass sie einen Kerl mit Frauenperücke im Bett liegen haben. Dir hat doch bestimmt schon mal einer an den Haaren gezogen, um zu sehen, ob sie echt sind, oder?«

Chantal hatte Blondchen einen Fön verpasst, dem diese nichts entgegenzusetzen hatte. Sie machte auf dem Absatz kehrt und ihre ebenso fleischlosen Freundinnen folgten ihr. Aber nicht, ohne dabei trotzdem noch die Nase nach ganz oben zu halten. Chantal ballte die Faust und ließ ihre Zufriedenheit mit einem lauten »JA« heraus. Sie legte eine locker leichte Pirouette hin und tänzelte so leichtfüßig es ihr möglich war zurück an den Tisch und nahm wieder neben Hermine Platz. Die saß immer noch mit offenem Mund da und starrte ihre Freundin an, als ob sie eine Außerirdische wäre.

»Wow«, war das einzige, was sie herausbrachte, bevor sie wieder die debil aussehende, offene Mundstellung eingenommen hatte.

»Fängt der Kampf an oder nicht?«, sagte Chantal zu Hermine und hielt ihr die Hand zum Abklatschen hin. Mit dem Klatschen brach auf einmal wilder Beifall im Café aus und die beiden kamen das erste Mal in den Genuss dieser männlichen Pfeiftöne, die angeblich so nervig sein sollten. Waren sie nicht. Überhaupt nicht. Die hätten den ganzen Tag weiter pfeifen können, wenn es nach den „Dicken Freundinnen" gegangen wäre. Mit jedem Pfiff schien etwa ein Kilo Gewicht zu schwinden. Aber wollten sie das denn überhaupt noch? Wäre es nicht viel geiler mit ihren Reizen den dünnen Püppchen einfach so die Männer vor der Nase wegzuschnappen? Chantal war sich nicht mehr sicher, ob sie auch nur einen Zentimeter ihres kurz zuvor perfekt eingesetzten Brustumfangs abgeben wollte. Vorsichtshalber entschied sie sich dafür, ebenfalls einen Megaeisbecher zu bestellen, um nicht voreilig unnötig Gewicht zu verlieren. Zuerst wollte sie einen Push-Up BH kaufen und testen, was sie alles aus ihrem Dekolleté noch herausholen könnte. Der Höhenflug des Tages erreichte in dem Moment seinen nicht mehr zu steigernden Höhepunkt, als die Bedienung ihnen gesagt hatte, die Eisbecher wären bereits von dem George Clooney ähnlichen Typen bezahlt worden, der den beiden, während er gerade das Café verließ, noch ein Augenzwinkern zugeworfen hatte.

»Hau mir bitte eine rein«, sagte Chantal zu ihrer Freundin.

»Wieso das denn?«

»Ich glaube kneifen reicht nicht aus, um aus diesem Traum wieder aufzuwachen.«

»Dann lass uns doch hier bleiben.«

»Hast recht. Warum aufwachen, wenn es am schönsten ist?«

Auch wenn sie nach reiflicher Überlegung und Gründen der Bequemlichkeit ihre Kurven weitestgehend behalten wollte, beschloss Chantal noch an diesem Nachmittag endlich den Fitnessvertrag auszunutzen und mindestens dreimal die Woche dort hin zu gehen.

»Dreimal die Woche?«, fragte Hermine entgeistert. »Hast du sie noch alle. Das überlebe ich definitiv nicht. So viel Bewegung schadet bestimmt.«

»Wir müssen es ja auch nicht gleich übertreiben. Aber wo sonst laufen so viele testosterongesteuerte Männer herum? Wir können ja mal hingehen. Vielleicht kommen wir ja auch ohne Training mit Männern in Kontakt.«

»Aber die stehen doch bestimmt alle auf diese Hungerhaken aus der Poweraerobicgruppe.«

»Das werden wir noch sehen«, antwortete Chantal siegesgewiss.

Kapitel 2

Die Männerwelt musste sich allerdings noch ein wenig gedulden, bis es so weit war, dass die beiden Superweiber offensiv und selbstbewusst auf die Piste gingen. Zuerst galt es noch im Alltag den neuen Geist, der mit Selbstwertgefühl gestärkten Frau, zu demonstrieren. Wo wäre dafür ein besseres Trainingsgelände, als am Arbeitsplatz? Chantal war voll davon überzeugt, ihre Tätigkeit als Redakteurin einer Kleinstadtzeitung optimal als Trainingsgelände nutzen zu können. Hermine war da eher etwas pessimistischer.

»Wie meinst du denn, dass ich in meiner Buchhandlung üben soll, den dünnen Hühnern gegenüber offensiv zu sein und der Männerwelt den Kopf zu verdrehen?«, fragte sie etwas skeptisch.

»Ja was weiß ich. Lass dir eben was einfallen. Zeig doch den Männern irgendwelche Sex-Bücher.«

»Haben wir doch gar nicht.«

»Dann nimm eben welche ins Programm.«

»Mach das mal meiner Mutter klar«, sagte Hermine hoffnungslos. Seit sie ihre Ausbildung bei einer befreundeten Buchhandlung beendet hatte, war sie bei ihren Eltern angestellt. Offiziell war sie zwar schon Teilhaberin des Geschäfts, aber das hieß noch lange nicht, dass sie irgendwas zu sagen hätte. Ihre Mutter sah es schon als Revolution an, als Hermine den Vorschlag gebracht hatte, den Bestseller Feuchtgebiete ins Schaufenster zu stellen. Das ging gar nicht. Hermine konnte dieses Buch, genauso wie alle anderen dieser Art, nur auf Anfrage verkaufen. Ihre Mutter hatte ihr als Bedingung gestellt, dass derartige Bücher nur unter der Hand verkauft werden dürfen. Das Buch musste schon in der Tüte sein, bevor der Kunde es sehen konnte. Dementsprechend prüde war auch ihre ganze Erziehung gewesen. Und jetzt sollte sie genau in diesem Laden ihre eigene Emanzipation proben?

»Das geht beim besten Willen nicht«, sagte sie enttäuscht und hatte keine Ahnung, wie sie sich auf ihr neues Leben als Sexbombe vorbereiten sollte.

»Das wird wohl in der Tat recht schwierig werden«, bestätigte Chantal. »Im schlimmsten Fall musst du eben ohne Training auskommen.«

»Ich dachte wir wollten morgen ins Fitnessstudio gehen?«, fragte Hermine nun völlig verwirrt.

»Das meine ich doch gar nicht«, stöhnte Chantal und ihr wurde bewusst, dass wohl die ganze Arbeit an ihr hängen bleiben würde.

Der Schauplatz der Lagebesprechung war die elterliche Buchhandlung von Hermine gewesen. Doch als plötzlich die Chefin den Laden betrat, musste das Thema sofort beendet werden.

»Guten Morgen«, juchzte Agnes, die Mutter von Hermine, als sie ihre Tochter zusammen mit ihrer Freundin an der Ladentheke stehen sah. »Schön dich mal wieder zu sehen, Chantal. Was verschafft uns denn so früh am Morgen die Ehre?«

Noch bevor Chantal auch nur einen Piep sagen konnte, ergriff Hermine das Wort, um jede Äußerung, die anschließend längere Diskussionen nach sich ziehen könnte, sofort im Keim zu ersticken.

»Wir haben beschlossen, morgen ins Fitnessstudio zu gehen, Mama«, sagte Hermine.

»Oh je. Für so etwas bist du doch viel zu unsport-lich. Die lachen dich doch aus«, kommentierte Agnes im Vorbeilaufen das Vorhaben ihrer Tochter und schaffte es, wie jedes Mal, das kleine Pflänzchen an Selbstvertrauen, mit ihrem Springerstiefel an Fein-gefühl, niederzutrampeln.

»Siehst du?«, flüsterte Hermine mit trauriger Stimme. »Wie soll ich da denn Selbstvertrauen be-kommen?«

»Das wird wirklich nicht leicht«, antwortete Chantal. »Aber lass mich mal machen.«

Hermine hatte zwar kein gutes Gefühl dabei, aber die beiden waren schon seit ihrer Kindergartenzeit die dicksten Freundinnen gewesen und dementsprechend war Chantal immer wie ein Familienmitglied behandelt worden. Sie ging Hermines Mutter hinterher und erklärte ihr mit harmlosen Worten, dass sie sich beide vorgenommen hatten, endlich zu sich selbst zu stehen und sich so gut finden wollten, wie sie waren. Die Sache mit dem Männerabräumen und den Püppchen zeigen, wer das Dekolleté in der Bluse hat, ließ sie lieber mal außen vor.

»Das wird doch garantiert nichts«, war auch nach Chantals Ausführungen der Kommentar und sie beschloss, bis zu einem ersten Teilerfolg, Hermines Mutter zu ignorieren. Es war ja ein Wunder, dass ihre Freundin überhaupt noch einen Fuß vor die Tür setzte.

»Und? Was hat sie gesagt?«, hakte Hermine nach, als Chantal wieder an die Ladentheke gekommen war.

»Ich glaube wir brauchen noch ein wenig Zeit und erste Erfolge«, antwortete diese.

»Das hat sie gesagt?«, fragte Hermine und Chantal wusste spätestens in diesem Moment, dass es weitaus schwieriger als gedacht werden könnte, ihr Vorhaben zeitnah umzusetzen. So wie es aussah, musste sie sich ja auch noch um ihre Freundin kümmern. Als ob sie mit sich selbst nicht schon genug zu tun hätte.

»Nein, das habe ich gesagt«, antwortete Chantal geduldig. »Deine Mutter ist einfach noch nicht so weit, dass sie dich als erwachsene und emanzipierte Frau betrachtet.«

»Na prima. Ich hab ja auch noch Zeit. Ich bin schließlich erst sechsunddreißig«, stöhnte sie entmutigt und stellte sich gerade vor, dass ihre Mutter wahrscheinlich sogar noch etwas dagegen hätte, dass sie die Pille nahm. Solche Themen waren nämlich schon immer Tabu gewesen. Hermine wurde auch komplett durch Chantal aufgeklärt. Ihre ersten Erfahrungen machte sie ebenfalls vollständig unter der Anleitung ihrer besten Freundin. Leider blieben diese, bis auf ein paar harmlose Knutschereien zwischendurch, auch die einzigen. Zum einen war sie viel zu schüchtern um jemanden anzusprechen und zum anderen hatte es ihre Mutter geschafft, sie so hinzubiegen, dass ein One-Night-Stand schon gar nicht möglich war. Und das, ohne auch nur einmal über das Thema gesprochen zu haben.

»Wir bekommen das hin«, sagte Chantal energisch. »Ich sorge dafür, dass wir die Kerle rumkriegen. Und früher oder später wird der Prinz auf dem weißen Ross dabei sein, der uns aus unserer tristen Welt ins Märchenland entführt.«

Hermine wollte ihre Zweifel äußern, aber Chantal hob beschwichtigend die Hand und erstickte eine eventuelle Unsicherheit sofort im Keim.

»Keine Widerrede!«, beendete Chantal das Thema. »Ich geh jetzt arbeiten. Ins Trainingslager, sozusagen.«

Sie machte auf dem Absatz kehrt und warf ihrer Freundin noch eine Kusshand über die Schulter zu. Erst jetzt fiel Hermine auf, dass Chantal alleine schon kleidungstechnisch voll auf Angriff eingestellt war. Der Rock stammte noch aus besseren Tagen und war durch die etwas erweiterte Hüftbreite ein wenig kurz geworden. Der Rest war ganz in Ordnung, aber kleidungstechnisch war wohl doch Hermine gefragt. Die hatte nämlich einen sehr guten Geschmack und auch ein Auge für gute Outfits, obwohl sie sich nicht zutraute, dieses Talent für ihre eigene Erscheinung zu nutzen. Draußen verfiel Chantal derweil in ein heftiges Fluchen, weil sie eigentlich überhaupt nicht daran gewohnt war, Schuhe mit Absatz zu tragen. Ihr rechter Absatz hatte sich ganz klassisch im Gully-deckel verhakt und umgehend hatte sich eine Traube an Menschen gebildet, die zuschauten, wie sie heftig an ihrem Schuh zog, um diesen wieder zu befreien. Als sie das endlich geschafft hatte und der Absatz glücklicherweise nicht abgerissen war, stampfte sie wütend davon.

»Oh je«, sagte Hermine leise zu sich selbst, und zweifelte immer mehr am Erfolg ihrer Agenda.

Trotzdem, oder vielleicht gerade deshalb, durch-suchte sie gleich danach die Liste mit Neu-erscheinungen nach potenziellen Büchern mit ein-deutig zweideutigen Titeln. Vielleicht könnte sie ja wenigstens so etwas ins Regal stellen, ohne dass ihre

Mutter das verbieten würde. Umso länger sie sich mit diesem Gedanken befasste, desto mehr beflügelte dieser ihre Fantasie. Neben der ersten Adresse für freizügige Literatur, deren Inhalt man am Äußeren nicht sofort erkannte und der damit einhergehenden Mundpropaganda unter denjenigen, die nicht öffentlich zu ihrer literarischen Vorliebe stehen, avancierte ihre Buchhandlung in ihren Gedanken, zum Geheimtipp für Frivoles, das unter vorgehaltener Hand verkauft wurde. Allein das würde sie als Verkäuferin interessant machen. Und nicht nur als Verkäuferin. Nein, sie würde begehrt werden, weil ihr dann nachgesagt werden würde, für all das zu stehen, was es heimlich bei ihr zu erwerben gab. Sie war gerade dabei, in ihren Gedanken einem gut aussehenden Mann Ende dreißig, in einem extra dafür eingerichteten Leseraum, die neusten Bände erotischer Schreibkunst vorzustellen, als ihre Mutter sie jäh zurück, in den manchmal recht grauen Arbeitsalltag ihrer Buchhandlung, holte. Dabei hätte man schon so viel aus dem kleinen Geschäft machen können. Doch alles wurde als neumodischer Firlefanz abgetan, den eh kein Mensch brauchen würde.

»Vergiss nicht die Schaufensterauslage für die neuen christlichen Bildbände herzurichten!«, sagte ihre Mutter in einem Ton, der keinen Widerspruch duldete. Sie zuckte zusammen und schämte sich ihrer Hirngespinste, als ob Hermines Mutter die Fähigkeit besitzen würde, ihre versauten Gedanken zu lesen. Umgehend machte sie sich an ihre Aufgabe und fragte sich dabei, was sie dann eigentlich mit dem Mann im Leseraum hätte machen sollen. Dann würde sie sich vielleicht plötzlich mit jemandem in solch einer prickelnden Situation befinden und hätte keine Ahnung, wie sie sich verhalten sollte. Auch wenn Chantal ständig sagte, sie sollte das mit den One-Night-Stands endlich ausprobieren, bevor sie gar keinen Spaß hätte, waren ihre moralischen Bedenken diesbezüglich sehr groß. Irgendwie hatte sie sogar Angst davor, auf einmal das Objekt der Begierde sein zu können.

»Aber was denk ich da eigentlich«, sinnierte Hermine lautlos vor sich hin. »Das gibt's doch in Wirklichkeit eh nicht. Ich werde wahrscheinlich noch in zwanzig Jahren Bildbände von Jesus und seinen Geschichten im Schaufenster aufstellen, anstatt anzügliches Material hinter der Ladentheke zu bunkern, das mir zum Erfolg bei der Männerwelt eine Hilfe sein könnte. Wenn ich Pech habe, muss Chantal irgendwann noch „ungeöffnet zurück“ auf meinen Grabstein schreiben. Ich bin wahrscheinlich die einzige Frau mit sechsunddreißig, die noch immer auf ihr erstes Mal wartet. So eine verdammte Kacke aber auch!«

Kapitel 3

Durch den morgendlichen Besuch bei ihrer Freundin war Chantal ziemlich spät dran und kam dementsprechend stürmisch in die Redaktion gerannt. Kurz vor Erreichen ihres Arbeitsplatzes musste sie feststellen, dass der Absatz doch etwas in Mitleidenschaft gezogen wurde und nun tatsächlich noch drohte, sich vom Rest des Schuhs zu verabschieden. Dies verursachte bei ihr einen leichten Ausfallschritt. Trotzdem konnte sie sich gerade noch in ihren Schreibtischstuhl fallen lassen und war froh, sich nicht vor allen Kollegen auf die Nase gelegt zu haben. Doch dem Abteilungsarschloch Lennart war diese Unsicherheit natürlich wieder nicht entgangen. Lennart war Chantals Albtraum im Arbeitsalltag. Er stand ganz oben auf der Liste der männlichen Wesen, denen sie im Laufe der Abarbeitung ihrer Agenda, endlich mal die Meinung sagen wollte. Und zwar so heftig, dass dieser Idiot endlich einmal sprachlos wäre und sich nie mehr über andere lustig machen würde. Dieser Mensch war neben seiner unerträglichen Arroganz aber leider noch mit so einem rhetorischen Geschick gesegnet, dass es bislang niemand in der Redaktion geschafft hatte, sich gegen seine Verbalattacken erfolgreich zur Wehr zu setzen. Jedes Missgeschick und jeder äußerliche Makel wurde gnadenlos ausgenutzt und die arme Sau, die gerade in Lennarts Fokus stand, unmittelbar zum Gespött der Redaktion. Dummerweise bot Chantal oft Angriffsfläche für ihren verhassten Kollegen. Und obwohl die anderen Kollegen, zumindest gelegentlich, ebenfalls zu seinen Opfern wurden, brachten sie es nicht fertig, die dummen Witze einfach zu ignorieren. Beschweren beim Chef brachte nichts, denn zu allem Elend war der Drecksack auch noch furchtbar gut in seinem Job. Was aber noch viel schlimmer war, war die Tatsache, dass dieser Kotzbrocken mit Abstand der am besten aussehende Mittdreißiger war, den die Stadt zu bieten hatte. Er würde ihre Abschlussprüfung werden. Zumindest was die Agenda anging. Sie hatte sich fest vorgenommen, den Arsch irgendwann so scharf zu machen, dass er nicht mehr anders können würde, als ihr den Hof zu machen. Und dann wollte sie ihn an der ausgestreckten Hand verhungern lassen. Gleich, nachdem sie ihn vernascht hatte. So war zumindest der Plan. Doch bisher musste sie sich eher mit der Tatsache auseinandersetzen, dass sie die einzige Frau im Team war, die noch nicht morgens in seinem Bett aufgewacht war. Sogar die Schneider aus der Buchhaltung war schon mit ihm im Bett gewesen. Und die war schon deutlich über vierzig. OK, sie hatte eine extrem durchtrainierte Figur für ihr Alter. Aber sie war alt.

Im Moment sah die Realität jedoch noch ganz anders aus und Chantal konnte schon förmlich fühlen, wie er seinen nächsten Angriff auf sie vorbereitete.

»Mensch, hast du schon wieder nicht darauf geachtet, dass du die stabileren Schuhe nimmst? Ich hab dir doch schon so oft gesagt, dass die zarten Absätze nichts für deine Sauerkrautstampfer sind.«

»Halt die Fresse, Lennart«, entgegnete Chantal. Leider konnte das keiner mehr hören, denn der eingebildete Sack hatte es schon wieder im Handumdrehen geschafft, dass die ganze Abteilung sich den Bauch vor Lachen hielt. Doch das reichte natürlich noch nicht. Er musste ja noch eins draufsetzen.

»Ich hab einen Freund, der arbeitet als Hufschmied. Vielleicht kann ich dir da ja was Massives besorgen. Es soll sogar schon Schuhe für Pferde geben. Die halten dich bestimmt aus.«

So hatte sie sich den Beginn ihres Siegeszuges gegen die arroganten Männer und hochnäsigen Hühner auch nicht vorgestellt. Und genau in diesem Augenblick schneite auch noch der Chef rein und brachte eine neue Praktikantin mit. Furchtbar jung, furchtbar gutaussehend und irgendwie kam Chantal diese Möchtegernbarbie auch noch erschreckend bekannt vor. Wenigstens hatte sie keine Brüste. Dafür aber auch keinen zu dicken Arsch in der Hose. Das war aber egal, keine Brüste war das, was zählte.

»Darf ich vorstellen«, setzte ihr Chef, der Herr Hausmann, an. »Stella Hausmann, meine Tochter. Sie wird hier ein vierzehntägiges Praktikum absolvieren und danach Journalismus an der Uni studieren. Mit etwas Glück kann sie nach Ende ihres Studiums und einem Volontariat bei einer anderen Zeitung den Laden hier von mir übernehmen.«

Chantal wusste zwar, dass die Zeitung ein Familienbetrieb war und dass der Chef auch der Inhaber war. Aber von einer aufstrebenden Tochter als Nachfolgerin hatte sie noch nie gehört. Als alle richtig schön am Nicken und Grinsen waren und Stella gnädigerweise den Untergebenen zurücknickte, blieb deren Blick mit eisiger Miene auf Chantal haften. Und plötzlich fiel es ihr wie Schuppen von den Augen. Das Modelpüppchen war die Tussi aus dem Café. Genau die, gegen die sie ihre üppige Oberweite so erfolgreich eingesetzt und die sie in die Flucht geschlagen hatte. Unweigerlich musste sie ihr Genick etwas einziehen, weil sie wieder mit Anlauf und kopfüber in ein Fettfass von der Größe eines Sportbeckens im Freibad gesprungen war. Und sie dachte vor fünf Minuten noch, der Morgen hätte nicht schlimmer beginnen können. Doch das war eine fatale Fehleinschätzung gewesen.

»Hallo«, sagte Chantal ganz leise und wollte im selben Moment im Boden versinken. Stellas Antwort war nur ein stechender Blick. Ganz ohne Worte. Nicht mal ein Kopfnicken kam zurück. Und trotzdem roch es Lennart, dass hier wieder irgendeine Topgeschichte auf ihn lauerte. Er hatte bei Chantal ein nicht zu überbietendes Gespür dafür, wenn eine Peinlichkeit irgendwo in greifbarer Nähe nur darauf wartete, von ihm breit getreten zu werden.

»Oh, ihr kennt euch wohl schon«, säuselte er und ging einen Schritt auf die neue Praktikantin zu, deren Blick sich ihm gegenüber, sofort in so etwas wie Anhimmeln veränderte.

»Kennen wäre übertrieben. Aber es verbindet uns eine Begebenheit, die noch gar nicht lange her ist.«

»Dann kann es nicht das Fitnessstudio sein«, sagte Lennart und landete den nächsten Brüller auf Chantals Kosten. Selbst der Chef war immer ganz begeistert von seinen Witzen.

»Mensch, das war jetzt aber fast unter der Gürtellinie«, kommentierte Hausmann lachend Lennarts Seitenhieb und klopfte ihm väterlich auf die Schulter. »Sie werden ein Auge auf meine Tochter haben. Zeigen sie ihr alles was sie sehen will und schonen sie sie nicht, weil sie meine Tochter ist. Sie können sie ruhig hart ran nehmen.«

»Das macht der garantiert«, flüsterte Chantal und überlegte, ob sie schon gleich ihre Papiere in der Personalabteilung abholen sollte.

»Was meinst du?«, fragte Lennart so laut, dass es wieder jeder hören musste. Dem entging aber auch nie irgendeine Kleinigkeit.

»Ich, ähm, nichts«, stammelte Chantal und fühlte sich plötzlich selbst wieder in ihre Praktikantinnenzeit zurückversetzt, in der sie schon für den Überflieger Lennart den Wasserträger spielen musste. Der hatte ein Jahr vorher bei der Zeitung angefangen und hatte sich in Windeseile zu Hausmanns Liebling gemausert. Irgendwie schien der schon damals einen Narren an ihm gefressen zu haben. Deshalb war er auch recht früh schon zum Teamleiter ernannt worden. Das Einzige, was man ihm zugutehalten musste, war, dass er auch einstecken konnte und nicht wirklich nachtragend war. Zumindest bei ihr nicht. Es war ihr eh unerklärlich, warum er sie auf der einen Seite immer so vorführen musste, aber auf der anderen Seite ihr nie böse war, wenn sie sich in ihrer Wortwahl ihm gegenüber kräftig vergriffen hatte.

»Gut, dann kannst du mich und Stella ja während ihres Praktikums unterstützen. Zumindest wenn das für Stella und Herrn Hausmann so in Ordnung ist«, sagte Lennart und schaute fragend zu seinem Chef.

»Sie wissen doch; von mir aus können sie machen, was sie wollen. Sie werden schon wissen, was zu tun ist.«

Stella schaute sie an und ihrem Gesichtsausdruck nach zu urteilen, könnte sie die kleine Schwester von

Lennart sein. Chantal bildete sich ein, dass hinter Stellas leuchtend blauen Augen bereits eine lange Liste mit Gehässigkeiten zusammengetragen wurde, die nur darauf warteten, an ihr ausgelassen zu werden. Und nach den zwei Wochen würde Chantal wieder die einzige sein, die noch nicht mit Lennart im Bett gewesen war. Die Kündigung würde dann sicher nur noch Formsache sein.

Nach der Mittagspause konnten schon wieder Wetten bei Holger angenommen werden, wie lange es dauert, bis Lennart die kleine abgeschleppt hat. Holger verdiente bei jeder Praktikantin gut nebenher. Er hatte schon ein richtiges System entwickelt und Quoten für die unterschiedlichsten Teilschritte des Abschleppens errechnet. Zu seinem Glück war diese Tatsache noch nicht bis zu Hausmann durchgedrungen. Vor allem aber konnte ihr Playboykollege froh sein, dass der Chef nichts von dessen nebenberuflichen Tätigkeiten als Bezirksbefruchter wusste. Denn da wäre wohl der väterliche Umgang mit seinem Schützling abrupt beendet gewesen. Aber wahrscheinlich stand der Vollhorst auch noch auf der Lieblingsschwiegersohnliste ganz oben.

Holger bestritt das zwar vehement, doch Chantal hatte unter vorgehaltener Hand gehört, dass sogar eine Langzeitwette auf sie abgeschlossen werden konnte. Dabei lagen die Quoten für den möglichen Sex zwischen Lennart und Chantal bei 500:1. Mit der

Wette auf keinen Geschlechtsverkehr der beiden innerhalb eines Kalenderjahres war allerdings kein Geld zu machen. Irgendwann wollte Chantal auf sich selbst wetten. Und zwar genau dann, wenn sie den Arsch endlich soweit hatte. Dann würde sie reich, Holger pleite und Lennart unglücklich verliebt sein. Der Depp wusste doch bestimmt noch nicht einmal, wie sich vernünftige Brüste anfühlten, bei den ganzen Klappergestellen, die der immer im Schlepptau hatte. Dazu musste sie allerdings die nächsten zwei Wochen überstehen. Und das würde nicht einfach werden. Zumindest wenn Blondchen nachtragend war und sie ihren ganzen Einfluss in die Waagschale werfen würde, um sich zu rächen. Und davon war an mit Sicherheit grenzender Wahrscheinlichkeit auszugehen.

Den restlichen Arbeitstag blieb Chantal allerdings von weiteren Quälereien verschont, weil Lennart ausgiebig damit beschäftigt war, Stella in die Kunst des Journalismus einen ersten Einblick zu gewähren. Den Zorn von Chantal musste an diesem Tag dagegen der neue Mitarbeiter in ihrer Mc Donalds Filiale spüren, der wohl seinen ersten Einsatz am Mc Drive hatte. Sie probierte diesen Witz, den sie einmal über eine Bestellung gelesen hatte, direkt heute aus. Irgendwie musste sie sich schließlich ja selbst wieder aufbauen. Oder abreagieren. Oder was auch immer.

»Haben sie etwas mit Huhn?«, fragte Chantal und sofort breitete sich ein leichtes Grinsen auf ihrem Gesicht aus, als der Lautsprecher knackte und die Stimme etwas gebrochen antwortete. Dummerweise verschluckte die Gegensprechanlage auch immer noch irgendwelche Gesprächsfetzen und so kam auch kein ganzer Satz zurück. Genau wie in diesem Witz.

»...ICKEN?«, war der zu verstehende Wortfetzen.

»Heute nicht«, antwortete Chantal. »Eigentlich möchte ich nur was zu essen«

»SCHICKEN«, drang die Stimme nun lauter und auch etwas deutlicher durch den Lautsprecher. Scheinbar hatte der Neue jetzt das Mikrofon gefunden.

»Nein, ich hole es gleich selbst ab«, sagte Chantal unter größter Selbstbeherrschung. Lange würde sie es aber garantiert nicht mehr aushalten, ohne in schallendes Gelächter auszubrechen.

»Was?«, entgegnete die Stimme des Mc Knecht und wich somit schon frühzeitig vom eigentlichen Witz ab.

»Na mein SCHICKEN«, antwortete Chantal extrem spontan, überraschte damit sich selbst und konnte sich jetzt beim besten Willen nicht mehr halten. Nach einer kurzen Pause, in der sie sich zum Glück wieder beruhigen konnte, bestellte sie dann, beim mittlerweile völlig verwirrten Nachwuchsmitarbeiter, ihren

SCHICKENburger, ein Mc Rib Menü und so ein Softeis mit Smarties als Nachtisch.

Auch wenn ihr diese Aktion eine kleine Genugtuung verschafft hatte, musste sie die Ereignisse des Tages direkt nach Feierabend bei Hermine loswerden.

»Ach du Scheiße«, war der wenig aufmunternde Kommentar ihrer besten Freundin zu den Geschehnissen des Tages.

»Das kannst du aber laut sagen«, bestätigte Chantal. »Am besten ich hol morgen gleich meine Papiere in der Personalabteilung und schau mich nach einem neuen Job um. Aber dieses Dorfblatt ist ja leider die einzige Zeitung weit und breit. Und wenn ich nicht will, dass ich in Zukunft nur noch morgens die Angebotstafel als Aushilfe beim Bäcker beschreiben darf, muss ich wohl oder übel zu Kreuze kriechen.«

»Jetzt warte es doch erst einmal ab. Vielleicht ist sie ja gar nicht so nachtragend«, versuchte Hermine ihre Freundin ein wenig zu beruhigen.

»Also ich wär´s, wenn sie mich so zur Sau gemacht hätte. Ich glaube ich würde mein Praktikum einzig und allein dazu nutzen, sie fertigzumachen. Die Zeitung würde mir ja eh irgendwann gehören. Warum sollte ich mich auch anstrengen, ein gutes Bild in diesen zwei Wochen abzugeben. Mit ein bisschen Ausschnitt und einem kurzen Röckchen würde ich den Abteilungsbesamer immer ein bisschen scharf machen und würde mit Sicherheit immer bekommen, was ich will. Alles in allem hätte diese dumme Kuh keine Chance länger als ein paar Tage zu überleben.«

»OK, gut sieht es vielleicht wirklich nicht aus. Aber vielleicht hast du ja Glück, Lennart vergreift sich an ihr, nutzt sie aus, sie hat Angst es ihrem Vater zu sagen und sucht genau bei der Frau eine Schulter zum Anlehnen, die ganz offensichtlich ebenfalls unter diesem Mistkerl zu leiden hat.«

»Und wer soll das sein?«, fragte Chantal, weil ihr nicht wirklich bewusst war, dass es auch bei ihrer Freundin so rübergekommen war, als würde sie wegen Lennart ernsthaft leiden. Sie ließ nie ein gutes Wort an ihm, lästerte gelegentlich, doch sollte es wirklich den Anschein machen, sie würde unter ihm leiden? Niemals.

»Na du natürlich«, sprach Hermine die Tatsache aus, von der Chantal geglaubt hatte, sie wäre noch nicht zur Außenwelt durchgedrungen.

»Wie kommst du denn darauf? Also darauf, dass ich unter Lennart leiden würde?«

»Ich bin auch eine Frau. Hast du das vergessen? Und übrigens hab ich Augen im Kopf. Glaubst du, mir ist es noch nicht aufgefallen, dass du ihn wenigstens gern als Trophäe hättest?«, traf Hermine es genau auf den Punkt. Aber um nicht weiter darauf herumzureiten, lenkte sie das Gespräch wieder in seine ursprüngliche Richtung. »Ist ja jetzt auch egal. Darauf wollte ich ja auch nicht hinaus. Und außerdem wirst du bestimmt nicht das Glück haben, dass genau dieser Fall zufällig eintritt.«

Chantal zog die Stirn in Falten, in ihrem Kopf fing es an zu rattern und plötzlich hatte sie eine Vision.

»Zufällig nicht«, sagte sie mit bedeutungsschwerer Miene. »Mensch Hermine, du bist genial.«

»Ich weiß. Aber mir ist nicht bewusst, dass gerade dieser Moment dazu beigetragen haben könnte, diese Erkenntnis in dir zu erwecken.«

»Macht nix«, antwortete Chantal und war in Gedanken schon dabei ihren Plan auszuarbeiten. Deshalb reagierte sie auch nicht mehr auf die fragenden Blicke ihrer Freundin.

»Wie? Macht nix. Was meinst du denn jetzt damit?«, wollte Hermine wissen und platzte fast vor Neugier.

»Das sag ich dir erst, wenn mein Plan richtig durchdacht ist, und du mir vielleicht helfen kannst ihn umzusetzen. Aber vielleicht bekomm ich es ja auch alleine hin«, wiegelte Chantal ab. Sie befürchtete nämlich, dass ihre Freundin sofort versuchen würde, ihr dieses Vorhaben wieder auszureden, bevor es zu Ende gedacht war.

»Das ist aber nicht fair«, stöhnte Hermine und stieß einen enttäuschten Seufzer aus.

Kapitel 4

Am nächsten Morgen kam Chantal nach Lennarts Meinung viel zu gut gelaunt ins Büro. Zumindest wenn man bedachte, dass sie gestern ganz offensichtlich in einer recht peinlichen Situation war, als die Tochter des Chefs vorgestellt wurde. Er hatte zwar noch nicht genau herausgefunden, was der Grund dafür war, aber es war nicht zu übersehen gewesen. Er fand auch den ganzen Vormittag nicht die Möglichkeit, dem Ganzen auf den Grund zu gehen. Richtig verwundert war er dann, als Chantal sich freiwillig dazu gemeldet hatte, Stella die Mitarbeiter im nicht redaktionellen Teil der Zeitung vorzustellen. Nachdem dies deutlich länger gedauert hatte, als eigentlich nötig, war es nun Lennart, der seine Neugier nicht mehr im Zaum halten konnte. Er ärgerte sich zwar darüber, wollte aber unbedingt wissen, was die Situation gestern und vor allem die freiwillige Meldung zur Führung zu bedeuten hatten. Im Normalfall hätte er nicht angenommen, dass seine Kollegin sich unaufgefordert in die Höhle des Löwen begeben würde. Viel wichtiger aber war, so viele Informationen wie möglich über Stella zu bekommen. Er wusste zwar selbst, dass es einem Selbstmordkommando gleichkommen würde, sich mit der Tochter des Chefs einzulassen, aber sie war einfach viel zu reizvoll, um von vornherein darauf zu verzichten. Auch, wenn sie gerade mal halb so alt war wie er. Als Chantal, ihn absichtlich ignorierend, nach der Vorstellungsrunde durch das Büro flanierte, rief er sie zu sich her.

»Was war das denn gestern?«

»Ich weiß überhaupt nicht, was du meinst?«, antwortete Chantal übertrieben ahnungslos und genoss gleichzeitig, die für Lennarts Verhältnisse viel zu offen an den Tag gelegte Neugier ihres Machokollegen. Sie konnte es beinahe nicht fassen, wie leicht dieser abgebrühte Playboy aus der Reserve zu locken war. Gut, es ging um die Tochter des Chefs. Ein bisschen mehr Professionalität hätte sie schon erwartet. Aber so war alles natürlich viel einfacher. Männer sind eben, zumindest in manchen Dingen, leicht zu durchschauen.

»Das war doch offensichtlich, dass du gestern ziemlich belämmert aus der Wäsche geschaut hast. Und trotzdem hast du dich gemeldet, um Stella herumzuführen. Das passt doch irgendwie nicht zusammen.«

»Das verstehst du nicht. Du bist ja auch keine Frau«, entgegnete Chantal und winkte ab. Diese Erklärung war die Allzweckwaffe für alle merkwürdigen Situationen die Männer gelegentlich hinterfragten.

»Das ist auch gut so. Sonst wären ja alle Männer scharf auf mich und du würdest nicht mal die hässlichen bekommen.« Lennart schaffte es leider nicht wie sonst, mit so einem Seitenhieb, Chantal aus der Reserve zu locken. Für seinen Geschmack reagierte sie viel zu schlagfertig.

»Immer ruhig Brauner. Wenn du wüsstest, was ich heute Morgen von klein Stella erfahren habe, würdest du wahrscheinlich schon auf Wolke sieben schweben«, sagte Chantal, machte auf dem Absatz kehrt und ließ ihren Kollegen völlig unwissend und neugieriger als Else Kling aus der Lindenstraße stehen. Doch schon ein paar Minuten später machte er von seiner Teamleiterstellung gebrauch und zitierte Chantal zu sich her.

»Jetzt hör mal zu«, sagte er und versuchte dabei ziemlich erfolglos seine Autorität in die Waagschale zu werfen. »Für mich als Teamleiter ist es ungeheuer wichtig zu wissen, was los ist. Es ist schädlich für die Produktivität eines Unternehmens, wenn es Geheimnisse gibt.«

»Ja, genau«, dachte sich Chantal. »*Und der kleine knackige Arsch von Stella lässt dich völlig kalt, du schwanzgesteuerter Vollidiot.*« Unter normalen Umständen hätte sie ihm sicher auch etwas in dieser Art an den Kopf geworfen. Doch heute zeigte sie sich äußerst einsichtig. Lennart war scheinbar schon so geil auf Stella, dass er nicht einmal merkte, wie

Chantal eine für sie völlig unübliche Verhaltensweise an den Tag legte. Alleine schon die Tatsache, dass sie ihm recht gab, hätte ihn stutzig machen müssen. Besser hätte es gar nicht laufen können. Wer braucht denn schon Zufälle. Mit genug Testosteron im Blut des Probanden kann man diese scheinbar inszenieren, wie man will.

»So hab ich das ja noch gar nicht gesehen«, antwortete sie und tat so, als ob sie ernsthaft nachdenken würde. »Aber das ist nicht einfach. Eigentlich hab ich versprochen, niemandem etwas zu erzählen.«

Lennart würde sowieso nicht die Geschichte aus dem Café zu hören bekommen. Sondern nur die, die sie sich am Tag zuvor nach Hermines Bemerkung ausgedacht hatte. Und dabei musste sie sogar zum ersten Mal in ihrer Redakteurinnenlaufbahn lächeln, als sie komischerweise genau in diesem Moment an ihren ersten Arbeitstag denken musste.

Damals, als sie hoch motiviert in ihrem Hosenanzug zusammen mit Herrn Hausmann das Büro betrat, hatte sie im ersten Moment noch angenommen, das Lächeln in Lennarts Gesicht sei eine natürliche und freundliche Geste gewesen. Wie jeder neue Mitarbeiter wurde auch sie vom Chef höchstpersönlich der Mannschaft vorgestellt. Und ihr Traum vom herzlichen Betriebsklima zerplatze mit dem Schließen der Tür, als Hausmann das Büro verlassen hatte. Lennart bot, genau wie alle anderen auch, sofort das „Du" an, was Chantal naiver Weise als Geste spontaner Zuneigung verbuchte. Doch in Wirklichkeit stellte sich heraus, dass es für Lennart viel einfacher war, seine Kollegen perdu zu drangsalieren. Vielleicht wäre alles ganz anders gelaufen, wenn ihr nicht beim Bücken die Naht ihrer schicken Hose am Hintern aufgeplatzt wäre. Aber das war alles nur Spekulation. Der Moment des Reißens war nicht zu überhören. Wie in einem schlechten Film schienen alle genau dabei die Luft angehalten zu haben, um gleich danach laut loszulachen. Allen voran natürlich Lennart, der neben dem hämischen Lachen auch gleich noch den passenden Spruch parat hatte.

»Ich hab mir vorhin schon gedacht, dass dieser Anzug entweder noch von deiner Konfirmation, oder vielleicht vom Tanzkurs stammen könnte. Ich glaube eher vom Tanzkurs. Denn zu kurz ist er ja nicht. Nur viel zu eng. Damals hast du im Hosenanzug bestimmt den Mann gemacht, weil du keinen Kerl als Partner gefunden hast. Ist schon blöd, wenn der Zeltverleih gerade dann Urlaub macht, wenn du einen neuen Job annimmst.«

Das waren gleich mehrere Ohrfeigen hintereinander. Es war ihr vorgekommen, als würde die Lachorgie in der Redaktion auf ihre Kosten nie enden wollen. Von einem Moment auf den anderen war sie am Boden zerstört. Ein paar Minuten zuvor hatte sie sich beim Anblick des netten Lächelns ihres Kollegen noch ausgemalt, wie sie vielleicht in den Mittagspausen mit diesem extrem gut aussehenden Mann, im Szenecafé der Stadt, angeben könnte. Und noch bevor sie ihren Schokodrink in den Kühlschrank einräumen konnte, degradierte sie genau dieser Mann in ihrer Vorstellung zur dicken Putzfrau, deren einzige Möglichkeit war, ihm nahe zu kommen, das Toilettenpapier in der Kabine aufzufüllen, in der er kurz zuvor seine Notdurft verrichtet hatte. Doch jetzt sollte endlich der Moment gekommen sein, indem sie sich für alles rächen konnte.

»Was ist denn jetzt? Nicht einschlafen. Das kannst du zu Hause nach deinen Übungen aus dem Weight Watchers Gymnastikplan machen«, riss sie Lennart auf seine freundliche Art aus ihrem kleinen Rückblick in dunklere Tage. »Ich sag schon nichts weiter.«

»Versprochen?«, fragte Chantal und bemühte sich erfolgreich, Ruhe zu bewahren.

»Ja, ja. Jetzt mach schon. Was war da los?«

»Also gut«, gab sich Chantal geschlagen. Dabei hatte sie nur darauf gewartet, von Lennart gelöchert zu werden. Um der Situation noch etwas mehr Dramatik zu verschaffen, hatte sie sich nach allen Seiten umgesehen, bevor sie weiter sprach.

»Sie hat nach dir gefragt. Es kam mir zwar nicht so vor, als ob sie sich gleich in dich verliebt hat.

Wahrscheinlich, weil du ja ungefähr doppelt so alt bist wie sie. Aber ich hatte das Gefühl, dass sie an einer rein körperlichen Erfahrung, mit einem reiferen Mann, Interesse hätte. Ist aber nur Spekulation.«

»Das kann ich mir vorstellen«, kommentierte Lennart Chantals Ausführungen. Er war die fleischgewordene Arroganz und legte dies zu jedem Zeitpunkt auch ganz unverhohlen an den Tag.

»Ich glaube, dass sie trotzdem zu schüchtern ist, dich anzusprechen. Ich weiß nicht genau warum. Wahrscheinlich, weil sie sich in der Firma ihres Vaters nicht mit einem seiner Mitarbeiter einlassen will. Sie hat bestimmt Angst, dass er es mitbekommt. Und außerdem hab ich ihr gesagt, dass sie die Finger von dir lassen soll. Ich hatte nur den Eindruck, dass sie nicht wirklich auf mich hören wollte.«

Damit beendete Chantal ihre Ausführungen und ließ Lennart, der breit grinsend in seinem prolligen Chefsessel saß und sowieso nicht mehr antwortete, mit ihrer komplett erfundenen Geschichte allein. Ihr Kollege war viel zu eingenommen von sich, um die Bewunderung einer Achtzehnjährigen infrage zu stellen. Chantal war sich sicher, dass die Geschichte nun ihren Lauf nehmen würde. Lennart würde zu aufdringlich werden und Stella damit völlig überrumpeln. Die würde dann sofort zu ihrem Vater rennen und die ganze Geschichte erzählen und die Tage von Lennart in der Redaktion würden gezählt sein. Gut, ihre ganz persönliche Rache, in Form eines Beischlafs ihrerseits mit ihm, um ihn dann anschließend, so verliebt wie er war, eiskalt abzuservieren, war damit zwar dahin. Aber manchmal musste man eben Kompromisse eingehen. So war jedenfalls ihr Plan, den sie nun auch direkt nach ihrer Unterhaltung mit Lennart, ihrer Freundin Hermine erzählte.

»Und was, wenn dein Plan nicht aufgeht?«, fragte diese.

»Was soll daran nicht aufgehen?«, stellte Chantal die Gegenfrage und konnte ein nervöses Gefühl in der Magengegend nicht unterdrücken.

»Nehmen wir mal an, Lennart macht sie an, sie lässt sich darauf ein, weil sie mit ihren achtzehn Jahren eh nichts anderes will, als hemmungslosen Sex mit einem erfahrenen und dazu auch noch unglaublich gut aussehenden Mann. Er erzählt ihr von seiner Unterhaltung mit dir. Sie rennt zu ihrem Vater und sagt ihm, dass du in der Redaktion als Kupplerin fungierst. Dein Chef feuert dich schneller, als du denkst.«

In der Leitung herrschte eisiges Schweigen. Hermine hörte nichts außer dem immer schneller werdenden Atem ihrer Freundin. Es hatte den Anschein, als stünde sie kurz davor durchzudrehen.

»Chantal?«, rief Hermine fragend ins Telefon. Aber sie bekam keine Antwort. Sie hörte nur schnelle

Schritte, die auf hohe Absätze mit etwas zu viel Gewicht belastet, schließen ließen. Dann hörten sie auf. Einen kurzen Moment passierte wieder gar nichts. Dann wieder die gleichen Schritte. Eine Tür ging auf, die Schritte bekamen mehr Hall und eine weitere Tür knallte.

»Scheiße«, schrie Chantal und Hermine war froh, wenigstens wieder etwas von ihrer Freundin zu hören.

»Was machst du denn? Wo bist du denn? Geht's dir gut?«, bombardierte Hermine sie mit Fragen.

»Sitzen«, war die Antwort auf die erste Frage. »Auf der Toilette. Ich glaub ich muss gleich kotzen.« Damit beantwortete Chantal auch noch die Fragen der Örtlichkeit und dem körperlichen Gesamtzustand.

»Was ist denn los?«, wollte Hermine wissen.

»Lennart redet schon mit ihr.«

»Das wolltest du doch, oder?«

»Aber da hab ich ja noch nicht an den karrieretechnischen Supergau gedacht, wenn etwas schiefgeht!«

»Mensch, das hab ich doch nicht so gemeint. Du weißt ja, dass ich immer skeptisch bin«, versuchte Hermine ihre Freundin zu beruhigen. »Es wird schon alles gut gehen. Wo hast du denn die beiden gesehen?«

»Lennart hat sie mit in die kleine Teeküche genommen. Ich hab sie nur kurz reden sehen, und dann sind sie schon da drin verschwunden gewesen«, schluchzte Chantal ins Telefon. In diesem Moment schlug die Tür zur Damentoilette mit einem lauten Knall an den Türstopper auf, bevor sie noch lauter ins Schloss gedonnert wurde.

»Da kommt jemand. Ich muss Schluss machen«, flüsterte Chantal ins Telefon. »Ich melde mich später noch einmal, wenn die Luft rein ist.«

Sie wollte sich gerade die Tränen wieder abwischen, als die Tür in der Kabine neben ihr zugezogen wurde und jemand platz nahm, ohne den Klodeckel zu öffnen. Chantal verharrte noch einen Moment lautlos, um hören zu können, was nebenan vor sich ging. Sie rechnete schon mit dem Schlimmsten. Wahrscheinlich würde Lennart die kleine Stella jetzt auch noch neben ihr auf der Toilette vögeln. Das Schlimmste daran war nicht mal, dass sie dann vielleicht wirklich hochkant rausgeworfen wurde, wenn ihre kleine Intrige ans Tageslicht kommen würde. Sondern eher die Tatsache, dass sie dann innerhalb von zwei Tagen schon wieder die einzige in der Redaktion war, die noch nicht mit ihm im Bett gewesen war. Der Arsch hatte es ja noch nicht einmal versucht. Eine der wenigen Dinge, die man mit viel Fantasie unter Intimität hätte verbuchen können, war mal irgendwann ein Schlag auf ihren Hintern gewesen. Dabei ging es aber auch nur um irgendeine Redaktionswette, deren genauen Hintergrund sie natürlich nie erfahren hatte. Geschweige denn, wer dabei gewonnen oder verloren hatte.

Doch anstelle des erwarteten Gestöhnes konnte sie ein ganz leises Schluchzen hören. Anhand dessen konnte sie aber noch nicht einordnen, von wem es stammen könnte. Um der Sache auf den Grund zu gehen, versuchte sie irgendwie lautlos so weit in die Hocke zu gehen, dass sie vielleicht an den Schuhen hätte erkennen können, wer da neben ihr saß und offensichtlich ähnlich betrübt war, wie sie selbst. Unter größter Anstrengung schaffte sie es sogar, ohne auf den Boden knien zu müssen, einen Blick unter der Abtrennung hindurch, zur nächsten Toilette zu werfen. Dabei spürte sie zwar, wie ihr Kopf auf einmal knallrot anlief, weil ihr wegen der ungünstigen Position das ganze Blut in den selbigen geschossen war. Aber hinknien im Klo ging gar nicht! Auch nicht wenn der Kopf patzen wollte. Doch die Mühe war vergebens. Da waren keine Schuhe. Wo waren die verdammten Schuhe?! Da kann doch niemand sitzen, ohne dass sie Füße hat. So ein Mist, alles umsonst. Chantal rappelte sich wieder auf und überlegte, was sie tun konnte, um herauszufinden, was da drüben los war. Bevor sie handelte, versuchte sie jedoch, sich so auf die Toilette zu setzen, dass sie ihre Füße ebenfalls dort abstellen konnte. Sie schaffte es nicht. Entweder konnte sie ihre Beine nicht so weit anziehen, dass sie diese mit auf den Klodeckel stellen konnte. Oder sie rutschte so weit nach hinten, dass sie drohte, zwischen Toilette und Spülkasten stecken zu bleiben. Sie gab ihr Vorhaben auf und wollte nun endlich wissen, wer da schluchzend neben ihr saß.

Der erste Versuch einen Fuß auf den Klodeckel zu stellen, scheiterte daran, dass ihr Rock für das Anheben eines Beines auf diese Höhe viel zu eng war. Die Absätze ihrer Schuhe waren dafür auch zu hoch. Chantal zog die Schuhe aus, schob ihren Rock nach oben und kletterte zu ihrer eigenen Verwunderung absolut lautlos auf den Klodeckel. Sie schaute ganz langsam und gespannt wie ein Flitzebogen über die Abtrennung. Und dort unten saß Stella. Als Chantal sah, wie sie ganz locker im Schneidersitz auf der Toilette saß und nach hinten sogar noch ein wenig Platz hatte, verglich sie sofort ihren Deckel mit dem von Stella. Aber so oft sie auch hin und her schaute. Die Klodeckel taten ihr nicht den Gefallen, von unterschiedlicher Größe zu sein. Doch das war ja nicht ihr eigentliches Problem. Vielmehr zermarterte sie sich das Gehirn, was wohl der Grund für Stellas Weinen auf der Damentoilette war. Im Optimalfall hatte Lennart sie bedrängt und sie will, nachdem sie sich beruhigt hatte, einfach ihrem Vater Bescheid sagen und der wirft den Arsch raus. Eher ungünstig wäre, wenn Lennart noch die Zeit gefunden hätte, Stella zu erzählen, dass sie ihm diese Lügengeschichte aufgetischt hatte.

Stelle bemerkte erst, dass sie beobachtet wurde, als Chantals Klodeckel nachgab und es ein nicht zu überhörendes Knacken gab. Zum Glück stand sie am Rand und nicht in der Mitte. Stellas Blick schoss aber blitzschnell nach oben und Chantal hätte ihren gesamten Eisvorrat aus dem Gefrierfach gegeben, um deuten zu können, welche Gedanken sich hinter diesen verheulten Augen tummelten.

Doch Chantal kam nicht mehr dazu, sich intensiver mit dieser Frage zu befassen. Der plötzliche Blick von Stella und die dadurch resultierende Erkenntnis, sich einmal mehr in einer total bescheuerten und peinlichen Situation zu befinden, brachten sie aus dem Gleichgewicht. Ein Fuß rutschte ab und sie entschwand in Bruchteilen von Sekunden wieder aus Stellas Blickfeld. Wirklich schmerzhaft schlug sie gar nicht auf. Aber sie war so ungeschickt zwischen Toilette und Wand gerutscht, dass sie sich nicht mehr selbstständig befreien konnte.

Kapitel 5

Scheeeeeeeeeeeeiße«, schrie Chantal so laut, dass Stella nebenan fast vom Toilettendeckel gefallen wäre. Ein ausladendes Dekolleté war ja das eine. Aber in diese Situation wäre sie nicht gekommen, wenn sie ein paar Kilo weniger gehabt hätte. Es war einfach zum Kotzen. Immer, wenn sie einen Grund gefunden hatte mit sich und ihren Kurven zufrieden zu sein, passierte so etwas. Sie kam sich gerade vor wie so ein richtig fetter Käfer, der verzweifelt versuchte, sich auf dem Rücken liegend wieder auf die Füße zu schaffen und dabei auf die Gunst eines tierlieben Menschen angewiesen war. Eigentlich war sie noch schlimmer dran, als der Käfer. Sie konnte nämlich nicht mal mehr mit den Beinen strampeln. Sie war komplett zwischen der Toilettenschüssel und der Wand verklemmt. Vor ihrem geistigen Auge sah sie schon, wie Stella die ganze Redaktion zusammentrommelte und jeder einen Blick über die Abtrennung in Chantals Gefängnis werfen wollte. Holger stand daneben und nahm schon die ersten Wetten an, wie lange es dauern würde, bis sie sich selbst befreien konnte. Warum sollte ihr auch jemand helfen? So ein Schauspiel gab es ja schließlich nicht alle Tage zu beobachten. Vielleicht würde der Mob sogar irgendwann die Toilettentür aufbekommen, damit sie nicht immer so umständlich auf die Kloschüssel steigen müssten, um einen Blick erhaschen zu können. Gerade, als sie ernsthaft darüber nachdachte, ob sie sich wenigstens soweit bewegen könnte, um sich durch dauerhaftes Betätigen der Spülung ertränken zu können und ihrem jämmerlichen Dasein dadurch ein Ende zu bereiten, schaute nun Stella über die Abtrennung. Chantal wartete schon auf eine wilde Orgie an Gehässigkeiten. Doch zu ihrer Verwunderung sagte die Tochter der Chefs überhaupt nichts. Sie schaute nur mit einem nicht definierbaren Gesichtsausdruck zu der eingeklemmten Frau herab.

»Worauf wartest du noch?«, fragte Chantal und wollte den Regen an Witzen über ihre Situation so schnell wie möglich über sich ergehen lassen. »Lach mich ruhig aus!«

Stattdessen fing Stella auf einmal wieder an, heftig zu weinen. Chantal wusste gerade gar nicht, wie sie die Situation einschätzen sollte. Plötzlich kam ihr die rotzfreche Göre wie ein hilfloses trauriges Kind vor. Eisern versuchte sie sich dagegen zu wehren, Mitleid mit ihr zu empfinden. Doch so sehr sie sich auch anstrengte, es funktionierte einfach nicht.

»Die wird doch jetzt nicht ernsthaft darauf warten, dass ich sie frage, was mit ihr los ist?«, dachte Chantal. *»Das kann ja jetzt wohl wirklich nicht wahr sein.«* Sie wartete noch einen kurzen Moment, aber ihr Ge-

wissen fing schon an sie zu plagen. *»Oh Mann, das gibt's doch nicht. Sehe ich etwa aus wie das Bravo Sorgentelefon, das darauf wartet von liebeskranken Teenagern mit Problemen vollgelabert zu werden?«*

»Was ist denn los?«, fragte Chantal mehr aus Pflichtbewusstsein, denn aus echtem Interesse. Eigentlich war sie es ja, die im wahrsten Sinne des Wortes in einer prekären Situation feststeckte.

»Kann ich mal mit dir reden?«, stellte Stella die Gegenfrage so undeutlich, dass Chantal sie kaum verstehen konnte.

»Klar«, antwortete Chantal, die sich in diesem Moment fragte, was sie denn eigentlich verbrochen hatte. »Ich kann ja gerade eh nicht weg.«

Stella schwang sich ganz locker mit einem Bein über die Abtrennung zwischen ihrer und Chantals Kabine. Zog den Körper nach und ließ sich ganz sanft zu ihr hinunter gleiten.

»Muss das jetzt eigentlich sein«, dachte Chantal. *»Ist es denn nicht schon schlimm genug, dass ich hier feststecke? Muss sie mir jetzt auch noch demonstrieren, was man alles machen kann, wenn man keine unnötigen Fettpolster mit sich herumtragen muss? Ich hätte wahrscheinlich nicht einmal zwischen Wand und Decke durchgepasst. Wenigstens ein leises Stöhnen, um ein kleines bisschen Anstrengung auszudrücken, wäre schön gewesen. Aber nein, Püppchen macht auch das noch mit links.«* Das war zwar maßlos übertrieben,

aber im Moment kam sich Chantal wirklich vor, wie eine dicke Mastpute, nachdem sie das grazile Huhn bei dessen Turnübungen direkt vor ihren Augen beobachtet hatte. Stella setzte sich zu ihr auf den Boden und schaffte es irgendwie, sich so zu verbiegen, dass sie ihren Kopf an Chantals Schulter anlehnen konnte.

»*Was soll das denn jetzt?*«, ging es ihr im Kopf herum, als sich genau die Frau an sie kuschelte, von der sie bis vor drei Minuten noch gedacht hatte, sie würde ihr größter Albtraum werden. »*Mädchen*«, korrigierte sie ihren Gedanken. »*Keine Frau, sondern Mädchen.*«

»Das im Café tut mir leid«, schluchzte Stella. »Ich bin manchmal ziemlich blöd, wenn meine ganzen Freundinnen dabei sind. Bitte sei mir nicht böse. Ich weiß manchmal selbst nicht, was in mich fährt.«

Chantal hätte jetzt mit allem gerechnet, aber nicht mit einer Entschuldigung. Und dann hatte diese Göre auch noch so eine zarte Art an sich, dass man ihr nicht mal böse sein konnte. Dieses Miststück bekommt mit Sicherheit immer, was sie will. Chantal gab sich noch einmal ganz kurz Mühe, aber sie schaffte es nicht, diesem zierlichen Geschöpf weiterhin böse zu sein. So ein verdammter Mist.

»Schon gut«, antwortete Chantal, obwohl ihr eigentlich nicht wirklich danach war, diese Szene im Café zu vergessen. »Aber das ist doch bestimmt nicht der Grund, warum du gerade über die Abtrennwand geklettert bist, oder?«

»Nein«, flüsterte Stella kaum hörbar. »Es ist wegen Lennart.«

»Oh je, was hat denn dieser Arsch nun schon wieder angestellt?«, fragte Chantal bemüht, aufrichtig überrascht zu klingen.

»Er hat mich in der Teeküche bedrängt, und irgendwas davon gefaselt, dass er einen Tipp bekommen hätte und ich mich gar nicht so zu zieren bräuchte. Dann hat er noch behauptet, dass du diejenige warst, die ihm das gesteckt hat.«

Dieser Moment gehörte definitiv nicht zu denjenigen, die förderlich für Chantals ohnehin schon viel zu hohen Blutdruck waren. Ihr Puls klopfte gerade mit wilden Schlägen an unzählbaren Stellen ihres Körpers mit mindestens 180BPM und sie war zum ersten Mal dankbar, dass sie fest eingeschlossen auf dem Boden verankert war. Ihr Kreislauf hätte für einen festen Stand auf dem Boden mit Sicherheit nicht genug Stabilität vorzuweisen gehabt, als sie mit dieser Aussage konfrontiert wurde. Dieser Arsch hatte es doch tatsächlich gewagt, ganz offen auszusprechen, dass sie ihm diesen Hinweis gegeben hatte. Dem war wohl überhaupt nichts heilig.

»Aber das glaub ich dem Drecksack natürlich nicht. Wir hatten zwar einen schlechten Start, aber so etwas würden Frauen untereinander ja niemals tun.«

»*Hast du eine Ahnung, zu was Frauen alles imstande sind!*«, dachte Chantal und sagte aber etwas ganz anderes. »Niemals, was bildet dieser Idiot sich eigentlich ein. Das ist ja eine absolute Unverschämtheit.« Stella war in ihren Gedanken noch viel reiner und unverdorbener, als Chantal anfangs vermutet hatte. Zum Glück, denn sonst hätte es wohl deutlich schlimmer für sie ausgesehen.

»Ja, finde ich auch. Und warum solltest auch gerade du ihm einen Tipp geben? Du hast doch auch ganz offensichtlich unter ihm zu leiden. Dieser Idiot lässt ja keine Möglichkeit aus, dir eins reinzuwürgen. Zumindest sieht das so aus, wenn man euch beide beobachtet.«

Dieser Satz war jetzt wieder nicht so gut für Chantals Selbstwertgefühl. Nach Hermine war Stella nun schon die zweite, die das sofort erkannt hatte. Es kann doch nicht sein, dass die ganze Welt gleich sieht, was sie mit allen Mitteln zu verbergen versucht hatte. Trotzdem ließ sie die Aussage erst einmal so stehen und wollte lieber wissen, was Stella nun geplant hatte, um diesem Penner mal so richtig den Arsch aufzureißen. Die Antwort war niederschmetternd.

»Wahrscheinlich gar nichts«, sagte Stella kleinlaut. »Was soll ich denn auch machen?«

»Na sag es doch deinem Vater. Lass den Kerl rausschmeißen. Was weiß ich. So kann der Typ doch nicht weitermachen.«

»Wenn ich meinem Vater sage, was da los war, dann gibt der erst einmal mir die Schuld. Er meckert ja eh an einer Tour an meinen Klamotten rum und hat mir schon wer weiß wie oft gesagt, dass so etwas irgendwann mal passieren wird. Und ich bin mir ehrlich gesagt nicht sicher, wie er reagieren würde, wenn er damit auch noch recht hat.«

»Verdammt, das gibt's doch nicht«, fluchte Chantal und versuchte krampfhaft eine Idee zu bekommen, wie sie Lennart wenigstens ein bisschen fertig machen könnte. All zu weit konnte sie sich aber auch nicht aus dem Fenster lehnen. Wenn Stella doch noch irgendwie glauben würde, sie hätte das inszeniert, wären ihre Tage definitiv gezählt gewesen. Und das wollte sie natürlich auf keinen Fall riskieren.

»Mein Vater erzählt ja schon zu Hause immer, wie toll doch der Lennart ist«, stöhnte Stella. »Ich kann das schon fast nicht mehr hören.«

»Aber dann lass uns ihn wenigstens ein bisschen ärgern. Das müsste doch drin sein, oder?«, sagte Chantal fast schon flehend mit dem letzten Schimmer an Hoffnung, der ihr gerade noch geblieben war.

»Das müsste gehen«, antwortete Stella nun mit dem Anflug eines Lächelns. »Den Abdruck meiner Hand sieht man bestimmt immer noch in seinem Gesicht.«

»Du hast ihm eine runtergehauen?«, fragte Chantal aufgeregt.

»Na klar. Glaubst du, ich lass mich von so einem alten Sack betatschen?«

»Klasse«, sagte Chantal und jubelte schon innerlich. Als sie instinktiv aufstehen und nach dem Abdruck sehen wollte, wurde sie wieder unsanft an ihre „verklemmte" Situation erinnert. Und gleich danach brachte sie den Ausdruck „alter Sack" mit ihrem eigenen Alter in Verbindung und musste feststellen, dass sie nur ein knappes Jahr jünger war als er. Aber immerhin. Das war eben genau die Zeitspanne, die sie vom alten Sack getrennt hatte.

»Scheiße«, war das nächste Wort, das ihr über die Lippen kam.

»Ja was denn jetzt?«, fragte Stella ziemlich verwirrt. »Klasse oder scheiße?«

»Klasse wegen der Ohrfeige und scheiße, weil ich hier immer noch festklemme.«

»Oh, und ich hab mich schon gewundert, warum du so komisch in der Ecke sitzt.«

»*Na prima. Und ne Blitzmerkerin ist sie auch noch!*«, dachte Chantal. Stelle löste sich endlich von Chantals Schulter und rappelte sich auf.

»Warte, ich helfe dir«, fügte Stella hinzu und fuhr gleich danach fort, um Chantal umgehend mit dem nächsten Problem zu belasten. »Ich glaube wir werden noch richtig dicke Freundinnen. Auch wenn wir vielleicht nicht den besten Anfang hatten.«

»Oh je, was hab ich eigentlich verbrochen?«, dachte sich Chantal. »Und außerdem bin nur ich dick. Du musst ja dann unweigerlich die Freundin sein.« Gesagt hatte sie allerdings einmal mehr etwas völlig anderes, weil sie immer noch irgendwie die Chance witterte, Lennart so richtig einen Denkzettel zu verpassen.

»Wer weiß. Manchmal nimmt das Schicksal schon merkwürdige Wege, um ans Ziel zu kommen.«

Stellas erster Versuch war ziemlich schmerzhaft für ihre neue Freundin. Sie zog einfach so fest sie konnte, an ihrem Bein. Das brachte außer ein paar Druckstellen am Knöchel jedoch überhaupt nichts. Schmerzhaft war es, weil Stella vergessen hatte, ihren überdimensional großen Ring auszuziehen, der ausgesehen hatte, wie eine Miniaturausführung der Dornenkrone.

»Autsch«, schrie Chantal. »Halt, so funktioniert das nicht.«

»Entschuldigung, hab ich dir weh gemacht?«, fragte Stella mit einem so furchtbar mitleidigen Blick, dass Chantal ihr nicht einmal unter größter Anstrengung, hätte böse sein können. Sie befürchtete sogar, dass sie wirklich irgendwann anfangen müsste, sie zu mögen.

»Schon gut. Geht schon wieder«, stöhnte sie und drehte sich ein wenig um ihre eigene Achse. »Versuchs bitte jetzt noch einmal. So könnte es gehen. Aber zieh den Ring aus!«

»OK, alles klar«, antwortete Stella, nahm ihren Ring ab und zog mit viel Gefühl an Chantals Bein. Diese drückte sich noch mit Hand und Schulter so gut es ging von der Wand ab und der Moment der Befreiung hätte nach Chantals Meinung eigentlich noch mit einem lauten Plopp gekrönt werden müssen, um die Peinlichkeit zu perfektionieren. Doch zum Glück war sie nicht in einem Zeichentrickfilm. Auch wenn sie sich ein bisschen so gefühlt hatte. Sie rutschte endlich zwischen Wand und Kloschüssel heraus und unterdrückte zwanghaft alle Gedanken an Bakterien und Rückstände auf dem Fußboden, die sie nicht einmal in ihrem Kopf mit Namen versehen wollte. Sie versuchte sich so schnell wie möglich wieder aufzurappeln, was sich allerdings in einer extrem engen Klokabine, als ziemlich schwer erwiesen hatte.

»Die verdammten Kabinen werden auch immer kleiner«, fluchte Chantal, als sie sich mühsam mit Stellas Hilfe und an der Kloschüssel abstützend endlich wieder auf ihre Füße zurückarbeitete.

»Ich habe gedacht, die sind immer gleichgroß«, antwortete Stella.

»Diese hier bestimmt nicht«, entgegnete Chantal knapp und schluckte ihren Ärger über den unbewussten Hinweis auf die Tatsache, dass eher sie zugenommen, als die Toilettenkabine abgenommen hatte, hinunter. Als sie sich auf den geschlossenen Klodeckel setzen wollte, um die Schuhe wieder anzuziehen, erwies sich die Kabine schon wieder als zu klein.

»Kannst du mal bitte die Tür aufmachen und ein Stück nach draußen gehen?«, fragte Chantal und dachte sich den Rest nur noch. *»Oder ich werde dir wohl beim Bücken meinen Kopf in deinen dürren Oberkörper rammen.«*

»Kein Problem«, sagte Stella fröhlich und ging genau einen Schritt aus der Tür. Chantal schaute sie an und musste feststellen, dass sie ihr wohl zuschauen wollte, wie beschwerlich es war, mit ihrer Statur die feinen Schuhe wieder anzuziehen. Sie stieß einen langen Seufzer aus und fragte sich ernsthaft, warum diese Stella jetzt auch noch den Beschützerinstinkt in ihr erweckt hatte. Es war einfach zum Kotzen. Nachdem Chantal sich noch notdürftig ihre Frisur wieder gerichtet und Stella daneben in drei Minuten wieder ein perfekt geschminktes Püppchen aus sich gemacht hatte, hakte diese sich jetzt zu allem Elend auch noch bei ihr ein, als sie die Toilette gemeinsam verließen. Der Lichtblick des Tages folgte aber umgehend in Form von Stellas Handabdruck auf Lennarts Backe, der als eine äußerst ausgeprägte, rote Silhouette auf seiner Haut zu sehen war.

»Lennart«, rief Chantal durch die ganze Redaktion. »Hast du Sonnenbrand auf der einen Seite?«

Auch wenn sie genau wusste, dass sie das irgendwann büßen würde, so war es doch eine unheimliche

Genugtuung gewesen, als nach dieser Frage endlich einmal die ganze Redaktion wegen eines Witzes von ihr auf Lennarts Kosten in schallendes Gelächter ausgebrochen war.

Kapitel 6

Boah, das ist ja echt der Hammer. So schnell kann sich's ändern«, sagte Hermine, nachdem Chantal ihr in allen Einzelheiten ihren aufregenden Nachmittag wiedergegeben hatte. Man muss vielleicht erwähnen, dass sie ihre Situation zwischen Wand und Toilette nur kurz erwähnt hat. Dafür hat sie aber ihren Schlag gegen Lennart länger ausgeführt, als sonst irgendein Detail.

»Das kannst du aber laut sagen«, bestätigte Chantal zufrieden, als sie gerade dabei war sich ihre Turnschuhe in der Umkleidekabine ihres Fitness-centers zu binden. Zuerst hatten die beiden Freundinnen ihr Fitnessstudio gar nicht erkannt. Daher sind sie sofort wieder auf den Parkplatz zurückgekehrt, um den Namen, der in großen Lettern über dem Eingang hing, noch einmal zu prüfen. Sie waren scheinbar richtig. Chantal fragte zur Sicherheit doch lieber nach und erfuhr, dass das Studio komplett renoviert wurde. Vor etwa einem Jahr.

»Aha«, war Chantals Antwort. Dass sie so lange nicht mehr hier gewesen war, hätte sie nun wirklich nicht gedacht. »Und die Umkleidekabinen sind immer noch da, wo sie waren?«

»Ja«, bestätigte die Trainerin. »Da ist alles beim Alten geblieben.«

Die beiden Freundinnen hatten auf etwas mehr Informationen bezüglich eines Hinweises auf die Richtung, in der die Umkleidekabinen sein könnten, gehofft. Diese blieben aber auch nach einem längeren fragenden Blick leider aus.

»Und wo waren die noch gleich?«, stellte Chantal die peinliche Frage, bei der sie nur nervös auf den Boden schauen konnte. Wenigstens bekamen die beiden hier eine vernünftige Antwort, ohne dass sich gleich jemand über sie lustig gemacht hatte.

Kleidungstechnisch waren die beiden jedenfalls immer noch up to date, auch wenn es hier und da ein wenig zwickte. Gerüstet mit bester Funktionswäsche traten die beiden an, um den Parcours das erste Mal zusammen mit der Trainerin zu durchlaufen. Am zweiten Gerät ließ diese sie kurz alleine.

»Verdammt«, fluchte Hermine leise. »Von wegen ein bisschen an die Theke sitzen und das Dekolleté zeigen. Ich bin jetzt schon fix und fertig.« Hermine war gerade dabei, an einem Gerät ihre Oberschenkel zu trainieren.

»Ich kann ja auch nichts dafür, dass die sich heute vorgenommen hat, den Personal Trainer für uns zu mimen, damit wir auch ja nichts falsch machen.«

»Oh Gott ist das schwer«, stöhnte Hermine völlig abgekämpft, weil sie es nicht schaffte, ihre Beine an diesem Gerät in eine waagrechte Position zu bringen, wie die Trainerin es gesagt hatte. Und schwer wollte sie es eigentlich auch nicht machen. »Kannst du mal ein bisschen weniger Gewicht einstellen?«

»Geht nicht«, antwortete Chantal.

»Jetzt mach schon. Ich breche mir hier fast einen ab.«

»Ich sagte doch es geht nicht. Frag mich aber bitte nicht warum.«

»Natürlich frag ich warum. Also, warum?«

»Weil kein Gewicht aufgesteckt ist«, sagte Chantal. Eigentlich wollte sie ihrer Freundin diese Tatsache ersparen, aber sie wollte es ja nicht anders.

»Was?«, fragte Hermine ungläubig. »Das gibt's doch gar nicht. Bin ich denn so eine Flasche?«

»Das Gerät ist bestimmt nur komplett eingerostet«, versuchte Chantal ihre Freundin zu beruhigen.

»Genau!«, bestätigte diese und stand auf.

»Na, hat alles geklappt?«, fragte die unverschämt gut gelaunte Trainerin, die in ihrem Outfit aussah wie die personifizierte Fitness.

»Super«, bestätigte Hermine. »Ich bin durch mit diesem Gerät.«

»Ich auch«, sagte Chantal, als sie einen fragenden Blick von der Trainerin zugeworfen bekommen hatte. Auf dem Weg zum nächsten Gerät stellte Chantal zufrieden fest, dass die Trainerin fast keine Brust hatte. Gut, das stellte sie in diesem Moment schon zum vierten Mal fest, aber das war ja schließlich egal. Irgendwie musste sie sich ja motivieren. Und weil sie gerade schon sich selbst am Motivieren war, zog sie ihr hautenges Oberteil, das wie eine Frischhaltefolie über ihre Brüste gespannt war, ein gutes Stück nach vorne. Dadurch kam nun auch endlich ihr neuer Push-Up BH zur Geltung. Der war zwar zum Trainieren furchtbar unbequem, aber scheiß drauf, hatte sich Chantal gedacht. Die Stunde geht vorbei, aber der Eindruck bleibt. Zumindest falls jemand hinsehen würde. Sie zog Hermine am Shirt und zeigte auf ihr Dekolleté.

»Chantal!«, sagte Hermine empört. Sie hatte natürlich über ihren engen Klamotten noch ein weites Shirt. Sie war noch nicht in gleichem Maße wie Chantal auf Angriff eingestellt. Die dagegen wusste sehr wohl, warum sie gerade jetzt ihren Busen in Szene gesetzt hatte. Das nächste Gerät würde nämlich noch dabei helfen, ihre zwei Freunde zur Geltung zu bringen. Soweit konnte sie sich noch erinnern. Man musste sich mit der Brust an ein Polster anlehnen. Für welchen Muskel das jetzt wieder gut war, hatte sie allerdings vergessen. Das war ja aber auch nicht so wichtig.

»Bizeps«, sagte die Trainerin.

»Hä?«, antwortete Chantal mit einer einsilbigen Gegenfrage.

»Bizeps. Das nächste Gerät ist für den Bizeps.«

»Ach so«, sagte Chantal. »Und ich dachte schon es sei für die Brust.« Chantal lachte fröhlich über sich selbst, aber es wollte niemand mit einstimmen. Fragende Blicke der Trainerin waren deren Antwort.

Ohne weiter darauf einzugehen, erklärte sie die nächste Übung. Hermine machte den Anfang und hatte dieses Mal sogar genügend Kraft, um das eine Gewicht, das aufgesteckt war, zu bewegen. Als Chantal an der Reihe war, verbrachte sie extrem viel Zeit damit, sich richtig zu positionieren. Ihr Blick fiel dabei natürlich vor allem auf ihre Brust. Die sollte perfekt sein für diese Übung. Immer wieder schob sie diese ein wenig zurecht, wenn sie sich unbeobachtet fühlte.

»Hast du Probleme mit deiner Brust?«, fragte die Trainerin.

»Was? Äh, nein. Warum?«, fragte Chantal wie ein Kind, das beim Stehlen von Süßigkeiten erwischt wurde. Eine Antwort wartete sie aber gar nicht ab, sondern konzentrierte sich viel mehr darauf, bei dieser Übung extra tief einzuatmen. Dabei quoll ihre Brust fast aus ihrem Oberteil heraus und sorgte damit umgehend für den ersten Blick auf ihr ausladendes Dekolleté.

»Chantal«, flüsterte Hermine, während ihre Freundin mit Hingabe die Armübungen zelebrierte. »Pass auf deinen Busen auf. Der eine da drüben guckt schon drauf und hat seinen Kumpel angestupst, dass der auch schaut.«

»Ja, so soll das doch auch sein«, antwortete Chantal und atmete noch einmal ganz tief ein.

»Mann, das ist ja fast schon peinlich«, zischte Hermine.

»Jetzt hab dich mal nicht so«, entgegnete Chantal. »Wollen wir angreifen, oder nicht?«

»Natürlich wollen wir angreifen. Aber das, was du machst, grenzt ja schon fast an Exhibitionismus. Ein bisschen zurückhaltender wäre mit Sicherheit nicht schlecht.« Gerade als Hermine mit ihrer Moralpredigt fertig war und Chantal beim besten Willen nicht mehr konnte, ertönte ein nicht zu überhörender Pfiff aus dem Studio. Chantal streckte sofort ihren Kopf in diese Richtung und wollte unbedingt wissen, woher er kam. Als sie den Absender wild zwinkernd am anderen Ende des Studios erblickte, zog sie sofort ihr Oberteil nach oben, so weit es ging. Der hatte nämlich das Training noch bei Weitem nötiger als sie und ihre Freundin. Er sah aus wie eine schlechte Kopie von Dirk Bach. Noch kleiner und noch runder. Auch wenn das in Kombination fast nicht möglich war. Chantal zählte sich mit Sicherheit nicht zur Elite des Studios. Aber bei der Weight Watchers Gruppe für Hoffnungslose, die anstelle einer Diät wahrscheinlich nur noch psychologische Betreuung bekam, war sie definitiv noch nicht angelangt. Und der da drüben war offensichtlich deren Vorsitzender.

»Der erste Verehrer schon nach einem Training? Chantal, ich bin begeistert«, höhnte Hermine beim Hineinlaufen in die Dusche. »Da hast du ja auf Anhieb den besten Typen im Studio klargemacht.«

»Lach du nur«, wiegelte Chantal ab. »Das war nur ne Trockenübung. Das nächste Mal wird's besser.«

»Deinen Optimismus möchte ich mal haben.«

»Ja, das wär auch definitiv besser. Aber so muss ich ja Optimismus für zwei mit mir rumschleppen. Und dann kommt eben so etwas dabei raus.«

»Naja, wenn du meinst. Als Erfolg würde ich das aber jetzt nicht verbuchen«, sagte Hermine abschließend und bekam keine Antwort mehr. Chantal versuchte sich derweil einzuseifen. Aber das erwies sich als extrem schwierig. Sie hatte bei ihrer Lieblingsübung so dermaßen übertrieben, dass es ihr nicht möglich war, die Schulter, geschweige denn den Rücken zu erreichen.

»Scheiße tut das weh«, jammerte Chantal.

»Du musst ja auch immer gleich übertreiben«, belehrte sie Hermine.

»Ja, Mama.«

Der obligatorische Thekenbesuch nach dem Training musste natürlich trotzdem sein. Schließlich war das ja auch der Grund, warum sie überhaupt hier waren. Chantal hatte aber nach ihrem Extremtraining größte Mühe, ihren furchtbar gesunden und regenerationsfördernden Mineraldrink an die Lippen zu führen. Bei den Schmerzen, die sie in diesem Moment erleiden musste, traute sie sich gar nicht erst daran zu denken, was sie wohl am nächsten Tag erwarten würde. Wenigstens würde sie nie wieder vergessen, dass die Brustpräsentationsübung eigentlich für den Bizeps gut war. Chantal und Hermine hatten es bei ihrem ersten Training darauf belassen, erst einmal die Lage an der Fitnesstheke zu taxieren und die Gäste, die nach dem Training noch in geselliger Runde zusammenstanden, in Gruppen einzuteilen.

Da war zuerst die „Ich schmeiß alles hin und werde Prinzessin" Gruppe. Sie waren eine Fraktion von perfekt austrainierten Frauen, die trotz ihres teilweise schon fortgeschrittenen Alters immer noch unverschämt gut aussahen. Die hatten teilweise Hosen an, bei denen Chantal nicht sicher war, ob sie diese im Winter wenigstens als Handschuhe hätte anziehen können. Einmal mehr stellten Chantal und Hermine einstimmig fest, dass die aber auch wieder überhaupt keine Brüste hatten. Diese Tatsache war abermals beruhigend. Und außerdem waren da mit Sicherheit Hilfsmittel im Spiel, die auf der Dopingliste standen. Obwohl kein Anlass dafür bestanden hatte, bekam die Gruppe das Prädikat „besonders dämlich". Daneben saß die „Pommes holen ist auch kochen" Gruppe. Männlein und Weiblein in äußerst fülligen Hüllen und einem insgesamt komplett unsportlichen und ungepflegten Erscheinungsbild. Diese Gruppe war extrem wichtig für das Selbstbewusstsein der beiden Freundinnen. Durch deren Anwesenheit schafften sie es sogar kurzfristig, sich mal wieder richtig schlank zu fühlen. Gerade als sie dabei waren, die „Boliden" Gruppe der Muskelmänner näher zu klassifizieren und diese in annehmbare und nicht annehmbare Männer zu unterteilen, gesellte sich der Chef der hoffnungslosen Weight Watchers Gruppe zum nicht annehmbaren Teil. Das war das Zeichen zum Abflug.

»Los, lass uns gehen!«, sagte Chantal.

»Willst du dich nicht verabschieden?«, fragte Hermine mit einem schelmischen Grinsen.

Statt einer Antwort wurde sie nur von Chantal am Arm gezogen und sah noch im Augenwinkel, wie der Gesichtsakrobat zu einem letzten Augenzwinkern angesetzt hatte.

Kapitel 7

Am nächsten Morgen erwachte Chantal in der Hölle. Zumindest konnte sie nicht weit davon weg sein, bei den Schmerzen, die sie über den ganzen Körper verteilt spürte. Es war so schlimm, dass es schon im Liegen wehgetan hatte. Nicht einmal den kleinen Finger konnte sie bewegen, ohne dass sie leiden musste. Nachdem sie es irgendwie geschafft hatte, ihren Leichnam ins Bad zu bewegen, erzählte sie ihrem Spiegelbild, das ausgesehen hatte, wie das zu fleischgewordene Elend, in allen Einzelheiten von ihren Qualen. Die Morgentoilette brachte sie, unter ganz furchtbar schlimmen Schmerzen, noch einigermaßen hinter sich. Das war jedenfalls die Beschreibung ihres Gesamtzustandes, die sie der gebeutelten Frau im Spiegel mehrfach an den Kopf geworfen hatte. Genau wie den Schwur, nie mehr im Leben diese Brustzurschaustellungsmaschine zu benutzen. Doch beim Anziehen wurde es dann ernst. Chantal hatte in weiser Voraussicht nur weite Kleidung aus dem Schrank geholt. Und da nur Teile, die sich direkt auf Armhöhe befunden hatten. Bücken war nämlich unmöglich. Unter diesen außergewöhnlichen Umständen musste eben ihre Kampfkleidung zur Männereroberung zu Hause bleiben. Morgen war ja schließlich auch noch ein Tag.

Chantal hob ein Bein, um den Socken über den Fuß zu ziehen. Diese Aktion im Stehen auszuführen erwies sich als schwerwiegender Fehler. Kurz, nachdem ihr rechtes Bein den Erdboden verlassen hatte, knickte das linke Knie einfach weg. Ganz ohne Ankündigung. Mit einem satten Klatschen setzte sie mit dem Hintern auf den Fließen auf.

»Autsch«, schrie sie mehr vor Schreck, als vor wirklichen Schmerzen. Einen Moment überlegte sie, ob sie sich freuen sollte, dass es wider Erwarten nicht so schlimm wehgetan hatte. Denn im ersten Moment war ihr als Erklärung nur eingefallen, dass ihre vier Buchstaben mittlerweile schon das ganze Alphabet umfassten und einfach nur viel zu fett waren, um überhaupt noch Schmerzen zu empfinden. In letzter Sekunde, ziemlich kurz vor einer tiefen Depression, konnte sie aber dieses Phänomen gerade noch ins Positive ablenken.

»Oh Mann, ich hab so einen Muskelkater durch mein beinhartes Training, dass ich nicht einmal mehr den Aufprall gespürt habe«, sagte sie aufmunternd zu sich selbst. Ihr Spiegelbild konnte sie aus dieser Perspektive zwar nicht mehr sehen, aber sie warf diesem trotzdem noch ein paar motivierende Worte zu. »Du kannst stolz auf dich sein.«

Den Rest der Kleidung zog sie ihm Liegen an, und als es ans Aufstehen ging, hatte sie kurz mit dem Gedanken gespielt einen Schwerlastkran zu rufen, um sich hoch wuchten zu lassen. Das Handy lag allerdings leider nicht in greifbarer Nähe. Sie setzte sich auf die Knie und schaffte es irgendwie sich an der Badewanne abzustützen, sodass es ihr tatsächlich ohne fremde Hilfe gelungen war, die Käferposition zu verlassen.

Die Redaktion lag dummerweise im ersten Stock des Firmengebäudes und es gab keinen Fahrstuhl.

»Verdammt«, fluchte Chantal und wollte gerade anfangen, sich am Treppengeländer hochzuziehen, als Stella fröhlich pfeifend durch die Einganstür geflogen kam.

»Morgen«, trällerte sie und hakte sich bei ihrer neuen Freundin ein, um mit ihr gemeinsam die Treppe hoch zu laufen. Leider konnte Chantal sich nicht so schnell bewegen, wie Frau „ich hab niemals mehr als fünfzig Kilo" sie mitnehmen wollte. Stella wurde herb gebremst und Chantal schrie auf vor Schmerzen. Hier war wieder der Beweis dafür ganz deutlich gewesen, dass die Brustzurschaustellungsmaschine tatsächlich für den Bizeps war. Aber das Schlimmste waren nicht einmal die Schmerzen. Chantal spürte trotz der Qualen, die sie gerade erlitten hatte, wie leicht Stella war. Musste das denn jetzt auch noch sein?

»Was ist denn los?« rief Stella erschrocken.

»Muskelkater«, antwortete Chantal knapp.

»Echt? Cool«, antwortete Stella und hatte schon wieder ein nettes Lächeln auf den Lippen. »Und ich dachte schon du machst bestimmt überhaupt keinen Sport.«

»Wie kommst du denn darauf? Sehe ich etwa so aus?«

»Ähm, nein. Natürlich nicht«, sagte Stella und bekam gerade noch mal die Kurve.

»Ich habe gestern trainiert wie eine Wahnsinnige. Manchmal geht es einfach mit mir durch.«

Ganz langsam zog sie sich Stufe für Stufe die Treppe zur Redaktion hinauf. Wie eine alte Frau schleppte sie sich an ihren Arbeitsplatz und wartete schon auf eine dumme Bemerkung ihres Kollegen. Aber der schien den Schwanz einzuziehen, weil Stella sich höchstpersönlich zu Chantals neuer Freundin erklärt hatte. Im Stehen war es ihr zwar nicht möglich, aber gleich nachdem die Schmerzen im Sitzen etwas nachgelassen hatten, setzte sie zum Angriff an. Diese Gelegenheit konnte sie sich ja nicht entgehen lassen.

»Lennart!«, rief sie wie am Tag zuvor durch die ganze Redaktion. »Dein Sonnenbrand auf der linken Backe ist ja schon wieder weg. Wie hast du das denn angestellt. Hat dein Hufschmied etwa auch dafür ein Wundermittel?«

Doch der erwartete Applaus und der kollektive Lachanfall blieben aus. Stattessen herrschte betretenes

Schweigen und auf Lennarts Gesicht breitete sich ein kaum zu erkennendes Lächeln aus. Aber es war da. Nur wusste Chantal nicht warum. Erst nachdem sie sich mit dem Bürostuhl einmal um die eigene Achse gedreht hatte, weil es ihr auch anders in diesem jämmerlichen körperlichen Gesamtzustand gar nicht möglich war, sah sie den Grund.

»Hallo Papa«, rief Stella fröhlich, bevor Chantal auch nur an einen guten Morgen Gruß denken konnte. Unweigerlich dachte sie, genau wie am ersten Tag von Stellas Praktikum, an das nicht mehr abzuwendende Ende ihrer Karriere. Doch auch heute wurde sie wieder einmal durch Stella überrascht. Ganz leise fügte sie noch hinzu, sodass nur Chantal es hören konnte: »Keine Sorge, lass mich nur machen.«

Sie tänzelte vergnügt zu ihrem Vater, der diese Situation mit kritischem Blick beobachtet hatte. Spätestens ab diesem Moment musste Chantal die neue Freundschaft schon aus reinem Selbstschutz auch weiterhin über sich ergehen lassen.

»Na warte«, flüsterte Lennart, als er sich auf dem Schreibtisch seiner Kollegin niedergelassen hatte. »Das zahl ich dir heim. Und damit mein ich nicht die Aktion von heute Morgen.«

»Oh, jetzt bekomm ich aber Angst«, antwortete Chantal so ironisch, wie es ihr möglich war. Dieses Mal aber so leise, dass es Hausmann nicht mitbekommen hatte.

»Das solltest du auch. Oder glaubst du, ich zieh jetzt den Schwanz ein, nur weil die Tochter vom Chef denkt, dass die dicke Kollegin hier die Ersatzmutter spielen kann?«

»Jetzt mach mal halblang. Nur weil du immer die Dürren mit geschwollenen Brustwarzen abschleppst, brauchst du nicht gleich abfällig zu werden. Du weißt doch nicht mal, wie sich ne vernünftige Brust anfühlt.«

»Oh doch, das weiß ich. Das kannst du mir glauben. Aber wenn du damit auf deine, in hautfarbene Zeltplanen gepackte Fettmassen unterhalb deines Doppelkinns anspielst, muss ich wirklich passen. Da hab ich keine Ahnung von.«

»*Scheiße*«, dachte sich Chantal. »*Der Schlag ging aber mit voller Wucht in die Nieren. Völlig ohne Deckung. Da kann ich mir noch stundenlang einreden, dass die Dinger völlig in Ordnung sind. Jetzt hat mich der Arsch schon wieder erwischt.*«

Lennart wartete darauf, dass Chantal etwas erwiderte. Aber es kam nichts.

»Was ist denn los?«, fragte er verwundert. »Gibst du schon auf?«

»Lass mich in Ruhe?«, antwortete Chantal und Lennart konnte doch tatsächlich eine Träne in ihrem rechten Auge erkennen. Obwohl sie sich innerlich so stark gefühlt hatte, konnte sie nicht verhindern, dass diese Worte ihr noch schlimmere Schmerzen zugefügt hatten, als ihr Muskelkater. Sie ärgerte sich schrecklich über diesen immer größer werdenden Klos im Hals und konnte gerade noch verhindern, dass sie richtig losheulen musste. Innerlich fühlte sie sich furchtbar. Und in diesem Moment wurde ihr zum ersten Mal voll bewusst, was sie solange versucht hatte zu verbergen. Diese Tatsache manifestierte sich wie ein in Beton gegossenes Mahnmal in ihrem Gehirn. Doch so sehr sie sich auch dagegen gewehrt hatte. Sie konnte es einfach nicht länger beiseiteschieben. Aber sagen würde sie es definitiv nie. Sie war wohl in Lennart verliebt. In dieses Riesenarschloch. Und das seit dem Moment, als er sie an ihrem ersten Tag in der Redaktion angelächelt hatte. Obwohl er ihr kurz darauf gleich eins übergebraten hatte, reichte dieser Moment scheinbar aus, um diese verdammten Gefühle in ihr zu wecken, die sie seit Jahren zu verdrängen versucht hatte. Wahrscheinlich war das nun der berühmte Tropfen gewesen, der das Fass endlich zum Überlaufen gebracht hatte. Es tat ihr so furchtbar weh, dass sie nicht länger vor sich selbst weglaufen konnte. Aber vor Lennart – vor dem konnte sie nach wie vor weglaufen. Sie stand auf, ignorierte die Schmerzen so gut es ging und humpelte niedergeschlagen auf die Toilette. Es hatte den Anschein, als würde das zu ihrem bevorzugten Aufenthaltsort bei der Arbeit werden.

Lennart beobachtete, wie seine Kollegin traurig und niedergeschlagen davonlief. Normalerweise hätte er gleich noch einmal nachgelegt. Doch in diesem Moment tat ihm zum ersten Mal leid, was er gesagt hatte. Auch wenn er es sich eigentlich nicht eingestehen wollte, war Chantal über all die Jahre die einzige gewesen, die ihm wenigstens halbwegs das Wasser reichen konnte. Er kam sich dabei eher vor wie ein Kind. Oder wie ein Jugendlicher, dem man nachsagte, dass er das, was er ärgerte, eigentlich gern hatte. Für ihn war das immer nur ein Spiel gewesen. Ein Spiel, bei dem er niemals an sich herangelassen hätte, dass vielleicht genau diese Frau die Richtige sein könnte. Ihm war viel zu wichtig jemanden vorzuzeigen. Die Frau an seiner Seite sollte optisch einen perfekten Eindruck machen, wenn er zu gesellschaftlichen Anlässen eingeladen war. Auf die inneren Werte hatte er nie wirklich Wert gelegt. Daher dauerten seine Beziehungen auch meist nicht lange. Intellektuell und vom ganzen Charakter her wäre Chantal wahrscheinlich die beste Frau für ihn gewesen. Aber sie war ihm einfach optisch nicht perfekt genug. Gleich, nachdem er sich zum ersten Mal eingestanden hatte, vielleicht schon seit Langem aus Angst vor den Kommentaren seiner tollen Freunde, die dieselben Wertvorstellungen lebten, seine Zukunft Stück für Stück zu vernichten, schob er diesen Gedanken wieder beiseite.

»Das würde niemals funktionieren«, brummelte er leise vor sich hin und ließ sich in seinen Chefsessel fallen.

Nicht weit von ihm entfernt, in der Damentoilette, war gerade Stella dabei, wieder einmal die Abtrennwand zwischen den Kabinen zu überwinden. Chantal saß auf dem Toilettensitz und hatte das Gesicht in ihren Händen vergraben. Sie schaute nur kurz auf und befürchtete schon, dass Stella einen Redeschwall auf sie niederprasseln lassen würde, wie sie es eigentlich auch in so einer Situation von einer jungen Frau, die ja fast noch ein Mädchen war, erwartet hätte. Doch Stella hatte die Zeichen in der Redaktion schneller als alle anderen gedeutet. Vielmehr war sie die einzige, die sich überhaupt je die Mühe gemacht hatte, darüber nachzudenken. Sie hatte Chantal schon am zweiten Tag durchschaut. Sie wusste genau, was der Grund dafür gewesen war, dass sie sich in die Toilettenkabine eingeschlossen hatte. Daher hatte sich Stella zu Chantals Überraschung wortlos neben sie auf den Boden gekniet und sie einfach nur in den Arm genommen. Jetzt war es Chantal, die dankbar für eine Schulter zum Anlehnen war.

Kapitel 8

Die restliche Woche verlief für Chantal äußerst unspektakulär. Eigentlich genauso, wie sie es immer haben wollte. Zumindest so, wie sie es sich eingeredet hatte, dass sie es immer haben wollte. Lennart ließ sie in Ruhe, redete nur das Nötigste mit ihr und war zwischendurch sogar fast schon zuvorkommend. Und jetzt störte sie genau das. Auch wenn die Konversation mit Lennart immer sehr anstrengend und zuweilen auch erniedrigend war, konnte sie mit der neuen Situation überhaupt nicht umgehen. Hermine meinte zwar, sie solle ihre Trümpfe ausspielen und mit Stellas Hilfe Lennart endlich mal so richtig fertigmachen, aber irgendwie konnte und wollte sie das nicht. Dies war doch der Moment, auf den sie so lange gewartet hatte und trotzdem ging es nicht. Erklären konnte sie es nicht und ärgerte sich auch ein wenig über sich selbst, dass sie die Möglichkeit einer ausgiebigen Rache so einfach verstreichen ließ. Vielleicht lag es auch daran, dass Lennart seit ihrer Flucht auf die Toilette irgendwie einen traurigen Eindruck machte. Auf jeden Fall war er während ihrer ganzen Zeit in der Redaktion noch nie so zurückhaltend gewesen. Alle wunderten sich darüber, aber keiner traute sich zu fragen. Wohl aus Angst davor, dass er nur darauf warten würde.

Stella hingegen entwickelte sich wider Erwarten zu einer Kollegin, die man schon fast als Freundin bezeichnen könnte. Daher schämte sich Chantal auch ein bisschen dafür, dass sie die Situation, die ihr den Kontakt zu Stella überhaupt erst ermöglicht hatte, auf hinterhältige Weise inszeniert hatte. So lange Stella ihre topgestylten Freundinnen nicht um sich herum hatte, war sie wirklich ein ganz netter Mensch. Obwohl Chantal ihr nicht verraten wollte, was genau zwischen ihr und Lennart vorgefallen war, sprach sie ihr trotzdem Mut zu.

»Mensch Chantal, du musst mal wieder unter Leute«, sagte Stella am Freitagnachmittag. Für Mädchen in ihrem Alter war es ja völlig undenkbar, eine ganze Woche nicht auf der Piste gewesen zu sein. Spätestens nach drei Tagen, war man in ihren Augen schon kurz vor einer Depression, vier Tage waren extrem bedenklich und nach einer Woche bestand höchste Suizidgefahr. Stella machte sich wirklich Sorgen.

»Ach, ich weiß auch nicht. Wo soll ich denn hingehen?«, antwortete Chantal und wollte sich eigentlich viel lieber das ganze Wochenende über mit ungefähr dreiundzwanzigtausend Kalorien auf ihrer Couch beschäftigen. Vielleicht könnte sie ja dabei Hermine noch ein wenig die Ohren voll jammern.

»Überleg es dir doch noch mal«, drängte Stella. »Ich bin am Wochenende meistens im KLUB. Kennst du das?«

»Ich hab davon gehört. Aber da bin ich doch schon viel zu alt für so was.«

»Ach Quatsch. Man ist immer nur so alt, wie man sich fühlt. Nimm doch Hermine mit. Das wird bestimmt witzig.«

»Ich denk darüber nach«, sagte Chantal.

»Prima«, jubelte Stella schon. »Dann sehen wir uns heute Abend im KLUB.«

Auch wenn das überhaupt nicht Hermines Fall war, in irgendwelchen Discos rumzustehen, so war es dieses Mal sie, die Chantal fast schon dazu gedrängt hatte. Sie wollte schon, als sie noch so jung wie Stella war, also vor gefühlten dreiundvierzig Jahren, nicht in solche Läden gehen. Aber ihre Freundin brauchte dringend Abwechslung und da musste sie eben auch mal in den sauren Apfel beißen, eine Disco zu besuchen. Als Chantal ihrer Freundin die Haustür geöffnet hatte, war sie für einen kurzen Moment sprachlos und starrte mit offenem Mund auf ihr Dekolleté.

»Äh«, stammelte Chantal. »Was ist denn das?«

»Was meinst du?«, fragte Hermine.

»Na das da«, antwortete Chantal und zeigte mit ihrem Finger auf Hermines Brüste. So ein Oberteil hatte sie bei ihrer Freundin noch nie gesehen. Und dass sie einen Push-Up BH besaß, wusste sie bis zu diesem Augenblick auch nicht. Es war mehr als beeindruckend, was dabei herauskam, wenn Hermine ihren Vorbau ordentlich in Form brachte. Auch wenn Chantal sonst nicht wirklich ein räumliches Vorstellungsvermögen besaß, fiel ihr sofort auf, dass der Schlitz zwischen den Brüsten ihrer prüden Freundin mindestens einen halben Zentimeter länger war, als ihr eigener.

»Ich hab vielleicht auch eine Brust. Hast du das vergessen?«, entgegnete Hermine.

»N...n...nein«, stotterte Chantal. »Aber sonst sieht man die ja nie.

»Ich dachte wir blasen zum Angriff?«

»Was? Blasen? Ach so, natürlich. Ich bin das nur nicht von dir gewohnt.«

»Na prima. Jetzt gebe ich mir ein Mal Mühe, doch anstelle eines „Oh, das sieht aber toll aus", stotterst du hier nur rum. Sieht es denn so schlimm aus?«, fragte Hermine und war jetzt extrem verunsichert.

»Nein«, antwortete Chantal. »Dein Outfit ist der Hammer. Ich hab so was eben noch nie an dir gesehen. Da sehe ich jetzt ziemlich blass aus, wenn wir gemeinsam irgendwo auftauchen.«

»Entschuldige, das war keine Absicht.«

»Macht doch nix. Mir ist heute eh nicht nach Männeraufreißen. Das kannst ruhig du übernehmen.«

»Ja genau. Ich und Männeraufreißen.«

»Also wenn ich mir dich heute so ansehe, versteh ich nicht, warum du nicht schon immer so aus dem Haus gehst. Warts ab, die Männer rennen dir die Bude ein.

Chantal schaute erneut an ihrer Freundin auf und ab. Es war unglaublich, wie sie gekleidet war. Hermine hatte eher noch ein oder zwei Kilo mehr auf den Rippen als sie. Aber sie hatte jedes Gramm perfekt in Szene gesetzt. Sie war in Chantals Augen die personifizierte Weiblichkeit. So viele Kurven gab es sonst nur in den Serpentinen der Dolomiten. Als Chantal sich auf den Beifahrersitz fallen lassen wollte, lag da noch ein langer Mantel, den sie erst wegräumen musste.

»Was hast du denn damit vor?«, fragte Chantal ob der sehr milden Außentemperaturen.

»Den hab ich angezogen, um an meiner Mutter vorbeizukommen«, antwortete Hermine, als ob es selbstverständlich wäre, mit sechsunddreißig noch die Mama nach der Garderobe zu fragen. Chantal verzichtete auf einen Kommentar. Hermine war ja auch so schon arm genug dran. Wahrscheinlich hätte ihre Mutter sie wirklich in Ketten gelegt, wenn diese ihre Tochter in so einem Aufzug gesehen hätte.

Etwas verunsichert standen die Freundinnen in der Schlange vor der Disco. Wenn nicht in riesigen Lettern das Wort KLUB über dem Eingang gethront hätte, wären sich die beiden nicht sicher gewesen, dass sie auch wirklich richtig waren. Vielmehr hätten sie den Abschussball des Tanzkurses an der Schule vermutet. Das Durchschnittsalter lag irgendwo zwischen sechzehn und achtzehn. Das alleine wäre ja gar nicht so dramatisch gewesen. Aber scheinbar waren auch noch alle Dicken zu Hause geblieben. Die jungen Dinger standen wild schnatternd beieinander und eine war dünner als die andere. Mit der Menge an Stoff, die Chantal an sich hatte, wäre die sechsköpfige Gruppe direkt vor ihnen komplett eingekleidet gewesen und hätte sogar noch Material für ein paar Handtäschchen übrig gehabt. Die Welt war auch an diesem Abend nicht gerechter geworden. Aber das war Chantal völlig egal. Ihr einziges Ziel war sich von den bescheuerten Gedanken an Lennart abzulenken. Und wenn das nur dadurch funktionieren sollte, dass sie sich wieder pausenlos über die völlig ungerechte Fettpolsterverteilung ärgerte, dann sollte es eben so sein. Mit ein bisschen Glück würde sie bestimmt noch jemand finden, der mehr Stoff benötigte, um sich zu verhüllen, als sie.

»Wenn sie nur jemand abholen möchten, brauchen sie nicht in der Schlange zu warten«, waren die Worte, nach denen sich plötzlich alle in der Reihe, inklusive Chantal und Hermine, nach hinten umdrehten, um nach den Eltern zu schauen, die damit wohl gemeint waren. Doch da war niemand zu sehen. Komisch. Als Chantal und Hermine sich wieder nach vorne drehten, bemerkten sie, dass alle andern auf sie starrten und der Türsteher wild mit den Armen gestikulierte.

»Sie mein ich. Wenn sie nur ihre Kinder holen wollen, dann können sie gleich durchgehen. Wir lassen sie ausrufen.«

Das war jetzt aber wirklich zu viel. Eine Frechheit war das. Wie kam dieser aufgeblasene Schwarzeneggerverschnitt dazu, sie so alt zu machen. Die beiden Freundinnen wollten gerade umdrehen und den Ort der Magersucht verlassen, als ein unver- schämt gut aussehender Mann, der sogar in ihrem Alter sein musste, aus dem Eingang herausgekommen war. Und dessen Blick verharrte sogar einen Moment auf Chantal und Hermine. Irgendwoher kannten sie den Typen. Auch wenn das bei näherer Betrachtung eher unmöglich erschien. Vielleicht aus einem Werbe- spot? Oder von einem Plakat einer Parfümwerbung? Plötzlich breitete sich ein Lächeln auf seinen Lippen aus und er nickte in ihre Richtung. Allein schon dieses Lächeln löste bei Hermine einen Anstieg ihres Blut- drucks in Regionen aus, wo ein Überdruckventil lebensrettend sein könnte. Chantal dagegen schien durch das Erlebnis mit Lennart momentan komplett immun gegen männliche Erregung zu sein. Hermines Brust bebte, als dieser Mann auf sie zugelaufen kam. Sie war sich alles andere als sicher, dass ihr Kreislauf dieser unerwarteten Situation standhalten würde. Instinktiv hatte sie eigentlich eher damit gerechnet, dass er nur auf sie zu kam, um ihnen zu sagen, dass er bereits das Taxi zum Seniorenheim bestellt hatte.

»Wir kennen uns doch«, sagte er plötzlich freudestrahlend und wollte, wie es in der Szene wahrscheinlich so üblich war, Hermine zur Begrüßung in den Arm nehmen. Doch er war leider nicht schnell genug. Bevor er seine Arme um sie legen konnte, brach sie direkt vor ihm zusammen.

»Scheiße, was haben sie gemacht«, fragte Chantal.

»Ich? Gar nichts. Sie ist von ganz alleine umgefallen«, antwortete der George Clooney Typ im sportlich elegant geschnittenen Anzug. »Ich denke wir sollten sie erst einmal hier wegschaffen.«

»Und wohin?«, wollte Chantal wissen.

»Im KLUB gibt's einen Bürobereich, der komplett von der Disco abgeschirmt ist.«

»Und die warten nur darauf, dass wir mit einer Ohnmächtigen ankommen, um sie wieder aufzupäppeln?«

»Das ist mein Büro. Mir gehört der Laden hier«, war die von Chantal am allerwenigsten erwartete Antwort. Und in diesem Moment fiel ihr auch wieder ein, woher sie den Typen kannte, der sich ganz plötzlich als der Traumprinz schlechthin entpuppt hatte. Clubbesitzer mit besten Manieren und offensichtlich auch noch Geld wie Heu, wenn man nach den Designermanschettenknöpfen gehen konnte. Das wichtigste Anzeichnen für sein Traumprinzendasein allerdings war, dass kein Ehering an der Hand zu erkennen war.

»Wir haben uns in dem Café gesehen, oder?«, war sich Chantal ziemlich sicher. »Sie haben uns die Eisbecher spendiert.«

»Ganz genau. Ich bin übrigens Marc«, sagte dieser Mensch, der eigentlich im wirklichen Leben gar nichts zu suchen hatte. Chantal ging davon aus, dass ihr bester Freund, das Schicksal, heute wieder einen ganz besonderen Schalk im Nacken sitzen hatte und nur darauf wartete, die Bombe platzen zu lassen. Doch nachdem sich Chantal ebenfalls vorgestellt hatte, nahm Super-Marc Hermine einfach so auf seine Arme und trug sie über die Schwelle, als ob sie leicht wie eine Feder wäre. Chantal wollte gerade eine Stelle suchen, an die sie ihre Hand schlagen konnte, um zu sehen, ob sie auch Schmerzen empfinden würde, oder ob es doch nur ein blöder Traum wäre, als sie stolperte und mit dem Schienbein auf die mit Marmor ausgelegte Treppe knallte. Es war definitiv kein Traum.

»Autsch!«, schrie sie so laut, dass plötzlich alle im Eingangsbereich zu ihr herübergesehen hatten. Sie rappelte sich so schnell sie konnte wieder auf und unterdrückte diese verdammten pochenden Schmerzen so gut sie konnte.

»Chantal!«, rief es plötzlich. »Chantal! Hier bin ich.«

Sie schaute sich sofort nach allen Seiten um und sah Stella wild winkend auf sie zu kommen. »Das ist aber toll, das ihr vorbeikommt.«

»Also ich geh schon mal vor«, sagte Marc, dem scheinbar doch irgendwann die Kräfte zu schwinden schienen. Aber nicht ohne einen seiner lebenden Schrankwände anzuweisen, Chantal in sein Büro zu begleiten, wenn sie soweit wäre. Stella sah nun auch Hermine, wog innerlich ab, ob es wichtiger wäre nach deren Zustand zu fragen, oder ob doch das junge Huhn in ihr gewinnen sollte, das es trotz ihrer betuchten Herkunft absolut unglaublich und wahnsinnig beeindruckend fand jemanden zu kennen, der den Clubbesitzer kannte. Der war nämlich eine lebende Legende unter den Jugendlichen, von dessen Geschichten natürlich noch keine einzige zu Chantal und Hermine durchgedrungen war. Das Huhn siegte.

»Du kennst Marc? Den Chef des KLUBS?«

Chantal dachte kurz darüber nach und beschloss die Gunst der Stunde auszunutzen und in ihrem biblisch erscheinenden Alter kräftig Eindruck zu schinden. Als der Name Marc fiel, waren sie plötzlich umringt von Neugierigen. Die Hälfte war nach Chantals Meinung noch so jung, dass sie wahrscheinlich mit Kinderausweis unterwegs sein mussten.

»Klar«, antwortete sie, als ob es das Selbstverständlichste auf der Welt wäre, und beschloss umgehend noch eine Halbwahrheit draufzusetzen. »Wir waren vor Kurzem erst zusammen Eisessen.«

Sofort, nachdem sie sich mit ihrer minimal aufgepeppten Geschichte ziemlich wichtig gemacht hatte, fiel ihr siedend heiß ein, dass Stella ja beim Eisessen eigentlich sogar dabei gewesen war. Aber ihrem restlos begeisterten Gesichtsausdruck nach zu urteilen, war ihr Marc im Café gar nicht aufgefallen. Zum Glück, denn sonst wäre ihr kleiner Schwindel schneller aufgeflogen, als er ausgesprochen wurde. Das war der Moment, in dem ungefähr dreiundzwanzig Handys gezückt wurden und sich jedes der jungen Dinger nacheinander mit ihr fotografieren lassen wollte. Drei Minuten später gab es auf Facebook dreiundzwanzig neue Pinnwandeinträge von Mädchen die eine Freundin hatten, die eine Freundin hatte, die den Chef vom KLUB kannte. Stella kam aus dem Schwärmen gar nicht mehr heraus. Sie drückte Chantal so fest zum Abschied, als diese sich schon losreißen wollte, um nach ihrer Freundin zu sehen, dass ihr fast die Luft weggeblieben war.

»Das ist meine Freundin«, hörte sie Stella noch ihren Freundinnen erzählen, als sie von Popeye höchstpersönlich ins Heiligtum des Klubs begleitet wurde. Der öffnete die Tür und Chantal traute ihren Augen nicht. Sie überlegte kurz, ob sie gerade mal zehn Minuten oder vielleicht doch vier Jahre gebraucht hatte, um hier herzukommen. Hermine lag

auf einer unverschämt teuer aussehenden Luxusleder-
couch und ihr Kopf ruhte nicht auf einem Kissen.
Nein, der lag auf dem Schoß von Marc. Hermine war
wieder bei Bewusstsein und wurde gerade von ihrem
Superhelden mit einem kalten Waschlappen auf der
Stirn abgetupft.

»Oh Marc, das tut so gut«, hauchte Hermine
schwach. »Mir geht es schon wieder viel besser.«

»Bleib aber ruhig noch einen Moment so liegen«,
antwortete Marc. Chantal musste feststellen, dass
Hermines Dekolleté auch im Liegen einiges her-
machte. Scheinbar war das auch Marc aufgefallen, der
immer abwechselnd ihr Gesicht und ihre Brüste be-
trachtete. Er hatte sich mittlerweile auch seines
Jacketts entledigt und unter seinem Kurzarmhemd
konnte man deutlich die muskulösen Arme erkennen,
die es ihm auch ermöglicht hatten, Hermine so locker
die Treppe hinaufzutragen.

»Geht's wieder?«, fragte Chantal etwas impulsiver,
als sie eigentlich gewollt hatte. Doch nach einem
kurzen Anflug von Eifersucht mahnte sie sich zur
Selbstbeherrschung. Sie wollte sich für Hermine
freuen. Das war zwar in diesem Moment nicht einfach,
aber sie wollte es versuchen. Hermine dagegen wurde
sofort von ihrem schlechten Gewissen geplagt.
Blitzschnell setzte sie sich auf und hatte alle Mühe,
nicht direkt wieder in die andere Richtung umzu-
fallen.

»Äh, ja. Geht wieder«, antwortete sie knapp. Kurzzeitig herrschte absolute Stille. Keiner wusste, was er sagen sollte. Marc war es dann, der die Stille durchbrach.

»Ich hoffe, ihr erweist mir die Ehre, heute meine Gäste zu sein. Wenn ihr wollt, könnt ihr mit mir zusammen den Abend in der VIP-Lounge verbringen. Da ist es nicht so laut, es sind nur ein paar handverlesene Leute da und durch eine schalldichte Glaswand könnt ihr auch das Treiben in der Disco beobachten. Was meint ihr?«

Hermine schaute fragend und von Schuldgefühlen geplagt zu ihrer Freundin. Ihr war es furchtbar peinlich, dass Chantal sie in dieser Situation gesehen hatte, nachdem was sie in dieser Woche alles erlebt hatte. Aber eigentlich wollte sie die Nähe des Gentlemans ausnutzen, solange sie im Märchenland bleiben durfte.

»Wenn du wieder fit genug bist, können wir gerne bleiben«, sagte Chantal.

»Bin ich«, antwortete Hermine und hatte ein Strahlen im Gesicht, das bei Chantal das letzte bisschen Eifersucht vertrieben hatte. Dieses Leuchten hatte sie noch nie in den Augen ihrer Freundin gesehen. Jetzt konnte sie sich wirklich für sie freuen. Vielleicht würde jetzt sogar Superman höchstpersönlich für den Verlust ihrer Unschuld sorgen.

Kapitel 9

Es war schon fast Nachmittag, als Chantal und Hermine wieder aus dem Koma erwachten und sich in etwa gleichzeitig wunderten, warum sie nebeneinander in Chantals Bett lagen. Die Luft war erfüllt von übel riechenden Ausdünstungen, die nur schwer einzuordnen waren, aber definitiv auf eine ausschweifende Nacht schließen ließen.

»Warum liegst du neben mir?«, fragte Hermine und konnte dabei ihre Augen nur zu kleinen Sehschlitzen öffnen. Je mehr Licht ihr in die Augen fiel, desto heftiger wurden die Kopfschmerzen. Daher zog sie es vor, die Antwort auf ihre Frage unter dem Kopfkissen abzuwarten.

»Wieso fragst du mich das? Schließlich ist das hier mein Bett«, antwortete Chantal. Ihr ging es keinen Deut besser, und als sie sich im Bett aufsetzen wollte, musste sie feststellen, dass sie wohl noch ein bisschen warten musste, um den Kampf gegen die Schwerkraft aufzunehmen. Ungefragt setzte sich das Karussell in Bewegung, obwohl sie nicht einmal eine Fahrkarte gelöst hatte. Hinter der Scheibe am Fahrkartenschalter saß, wie immer, das Arschloch das auf den

Namen Schicksal hörte, und rieb sich zufrieden die Hände.

»Echt?«

»Zumindest sieht dieser Raum meinem Schlafzimmer recht ähnlich.«

»Komisch. Und warum bin ich dann hier?«, fragte Hermine, ohne ihr Kopfkissen aus ihrem Gesicht zu nehmen.

»Keine Ahnung«, antwortete Chantal und versuchte sich ein zweites Mal aufzusetzen. »Ich weiß ja noch nicht einmal, warum ich hier bin. Besser gesagt, wie wir nach Hause gekommen sind. Was haben wir denn gestern alles getrunken?«

Chantal versuchte zu rekonstruieren, woher ihre Amnesie kommen könnte. Wenigstens fiel ihr wieder ein, dass Hermines Ohnmacht dafür verantwortlich war, dass sie jetzt einen dicken Schädel hatte. Zumindest, wenn man daraus schließen konnte, dass dies der Anfang der Ereigniskette war, die letztendlich einen granatenmäßigen Vollrausch nach sich gezogen hatte. Immerhin konnte sie sich wage bis zu dem Moment erinnern, als sie mit Marc den VIP-Bereich des Klubs betreten hatten.

»Keine Ahnung«, stöhnte Hermine. »Aber scheinbar so viel, dass wir uns an nix mehr erinnern können.«

»Dass du mit dem Kopf auf Marcs Schoß gelegen bist, weißt du aber noch, oder?«, frage Chantal.

Das war der Moment, in dem Hermine endlich ihr Kissen vom Gesicht gerissen hatte und blitzschnell in einer aufrechten Position neben Chantal im Bett saß. Ungeachtet der immensen Kopfschmerzen, die hinter ihren Schläfen pochten, als würde ein Specht sich seinem Lieblingsbaum widmen, versuchte sie die Erinnerungsfetzen, die noch zusammenhanglos hinter ihrem geistigen Auge auf und ab hüpften, zu ordnen. Dabei fiel ihr ein extrem gut aussehender Mann auf, von dem sie eigentlich gedacht hatte, er wäre ein Hirngespinst gewesen. Die sanften Worte, die er ihr zugeflüstert hatte, waren dann wohl auch keine Wahnvorstellung gewesen, die sie eigentlich schon auf eine Überdosis Liebesfilme zurückgeführt hatte.

»Das war kein Traum?«, fragte Hermine ungläubig und rieb sich die Augen. Gleichzeitig fing ihr Herz an zu pochen, als wollte es ebenfalls etwas zu dem Thema Traummann beisteuern.

»Nein, das war es wohl nicht«, antwortete Chantal mit einem etwas schmerzverzerrten Gesichtsausdruck, der trotz des extrem beschissenen Gesamtzustandes ein Lächeln zugelassen hatte. »Jetzt sag bloß, du kannst dich an den Traumtypen nicht mehr erinnern.«

Ohne zu antworten, sprang Hermine aus dem Bett und rannte ins Bad. Zumindest wollte sie das. Allerdings musste sie, als sie die Tür zur Speisekammer aufgerissen hatte, zum wiederholten Male feststellen, dass sie nicht in ihrer eigenen Wohnung war. Dieser Umweg führte fast zu einer mittelschweren Katastrophe. Doch zum Glück nur fast. Chantal konnte hören, wie ihre Freundin die Tür zur Speisekammer wieder zugeschlagen hatte und sah sie in ungewöhnlich hohem Tempo erneut an der offenen Schlafzimmertür vorbeirennen. Der Klodeckel flog dem Klang nach zu urteilen mit ordentlichem Schwung an die Wand und wenn Chantal die Geräusche richtig gedeutet hatte, war die erste Tat im Bad nicht das Entleeren der Blase gewesen.

»Geht's einigermaßen?«, fragte Chantal vorsichtig, nachdem sie ihre Freundin mehrere Minuten beobachtet hatte, wie diese ihre Kloschüssel umarmte.

»Ja, einigermaßen«, stöhnte Hermine und ließ sich geradewegs neben der Toilette auf den Boden fallen. Das war nun auch höchste Eisenbahn. Chantal setzte sich sofort auf die Klobrille und gab einen erleichterten Seufzer von sich, bevor sie wieder auf ihre Freundin einging.

»So schlimm war der Typ jetzt aber auch wieder nicht«, scherzte Chantal und sah von oben auf Hermine herab, der durch das plätschernde Geräusch neben sich schlagartig wieder einfiel, dass ihre Blase ja immer noch bis zum Anschlag gefüllt war. Zum zweiten Mal rappelte sie sich in Windeseile wieder auf und trat von einem Bein auf das andere, während sie ihre Freundin beobachtete, wie diese gerade viel zu langsam das Klopapier abrollte.

»Mach schnell«, rief sie Chantal zu, während sie sich vorkam wie ein Regenfass, bei dem der Stöpsel des Ablaufs nur noch Sekunden halten würde. »Sonst passiert hier gleich ein Unglück.«

»Ist da irgendetwas gelaufen?«, fragte Hermine, als die beiden sich bei einem Cocktail aus Koffein und Ascorbinsäure am sonst völlig leeren Frühstückstisch gegenüber saßen. Sie mussten ihren zentnerschweren Kopf mit beiden Händen abstützen, dass dieser nicht ungebremst nach vorne auf die Tischplatte knallte.

»Wenn du das nicht weißt? Ich kann mich jedenfalls an so gut wie gar nichts erinnern. Aber meinst du nicht, dass du das wüsstest, wenn da etwas gewesen wäre?«

»Keine Ahnung«, stöhnte Hermine und versuchte krampfhaft, die Geschehnisse des Abends zu rekonstruieren. Aber es wollte ihr irgendwie nicht gelingen.

»Hast du eine Telefonnummer oder sonst irgendwas, dass dir vielleicht weiterhelfen könnte.«

»Nicht, dass ich wüsste. Aber wenn ich mich wieder bücken kann, ohne dass ich kotzen muss, dann suche ich meine Sachen noch mal durch.«

»Das wäre ja echt der Hammer, wenn du den Typen schon abgeschleppt hättest, und nichts mehr davon wüsstest«, sinnierte Chantal vor sich hin.

»Viel kann nicht gewesen sein. Dann wäre ich sicher nicht in deinem, sondern in seinem Bett aufgewacht.«

Chantal nickte zustimmend und war beeindruckt, wie messerscharf ihre Freundin in Anbetracht des gestrigen Totalausfalls schon wieder kombinieren konnte. Den Rest des Tages verbrachten die zwei in der Horizontalen mit immer weiter ausschweifenden „was wäre wenn" Gedankenspielen.

Aus einem anfänglichen, „was wäre, wenn er wirklich anrufen würde", entwickelten sich die wildesten Vorstellungen, deren Ursprung aber doch meistens in Chantals Hirnwindungen zu finden war und Hermine irgendwann fast die Schamesröte ins Gesicht getrieben hatten.

„Was wäre, wenn Marc plötzlich mit seiner Limousine vor deinem Buchladen aufkreuzen würde, einen Strauß aus fünfzig Rosen dabei hätte und um deine Hand anhalten würde?", war eine Ausführung, mit der Chantal noch gut umgehen konnte und ihr dabei sogar ein wenig warm ums Herz wurde. Angst bekam sie dann allerdings bei Chantals letzter Vorstellung im „was wäre wenn" Spiel.

»Hermine«, sagte sie bedeutungsschwer und sah ihrer Freundin zur Verstärkung ihrer Aussage stumm in die Augen, bevor sie fortfuhr. »An eines haben wir nun noch gar nicht gedacht. Was wäre, wenn du dir so einen hinter die Binde gekippt hättest, dass selbst du irgendwann alle Hemmungen verloren hast, den besten Sex deines Lebens hattest, dich aber nicht mehr daran erinnern kannst und erst merkst, dass etwas nicht stimmt, wenn deine Tage nicht mehr kommen?«

Hermine wurde noch blasser, als sie es eh schon war, und wusste im ersten Moment nicht, was schlimmer wäre. Schwanger von einem Typen zu sein, den sie nicht einmal kannte, oder dass sie mit 36 Jahren ihren ersten Sex gehabt haben könnte, der ja aufgrund von nicht vorhandenen Vergleichsmöglichkeiten, der beste und schlechteste zugleich gewesen sein musste, und sich nicht mehr daran erinnern zu können. Den Kopf immer noch auf die Hände gestützt saß sie wortlos da, schaute durch ihre Freundin hindurch und stellte fest, dass sie nur hoffen aber nicht mit Sicherheit sagen konnte, ob es nicht wirklich so war, wie Chantal es im Spaß angedeutet hatte.

»Hermine?«, fragte Chantal und wiederholte deutlich lauter den Namen ihrer Freundin, als diese nicht reagiert hatte. »HERMINE! Das war doch nur ein Spaß.«

»Was?«, fragte diese abwesend. »Ach so, natürlich.«

»Alles klar bei dir?«, hakte Chantal verunsichert nach, weil sie die Stille nicht recht deuten konnte. Hermine dagegen sah plötzlich und zum ersten Mal an diesem Tag die Dinge klar. Chantal hatte recht. So konnte das nicht weitergehen. Es musste sich etwas ändern. Und zwar schnell.

»Ich will endlich Sex haben«, stellte Hermine entschlossen fest. »So richtig wilden, hemmungslosen Sex. Mit allem Drum und Dran. Ich will nicht noch länger warten. Zum Teufel mit der Moral.«

»Gott sei Dank«, rief Chantal aus und fiel ihrer Freundin um den Hals.

Kapitel 10

Hermine war zum Wochenanfang ziemlich durch den Wind. Zum einen war sie, aufgrund des für ihre Verhältnisse extrem ausschweifenden Wochenendes, in einer regelrechten Hochstimmung. Zumindest, seit das verdammte Kopfweh endlich nachgelassen hatte. Zum anderen nutzte sie jede freie Minute in der Buchhandlung, um nach Marc im Internet zu suchen. Es wäre natürlich kein Problem gewesen, an eine Telefonnummer von ihm zu kommen, da er ja ein sehr öffentliches Leben führte, aber trotz mehrfachen Drängens ihrer Freundin Chantal bestand sie auf die klassische Variante, in welcher der Mann den nächsten Schritt tun musste. Gelegentlich waren auf dubiosen Internetseiten merkwürdige Spekulationen über Marcs Einnahmequellen aufgetaucht. Bisher konnte dies aber nie bewiesen werden und Hermine tat die angeblichen kriminellen Alternativgeschäfte des Discobesitzers als reine Schmierenkampagne ab. So ein netter Mensch konnte überhaupt keinen Dreck am Stecken haben.

»Und wenn schon«, sagte Chantal. »Erstens willst du ja bestimmt nicht gleich den Erstbesten heiraten und zweitens hat so ein undurchsichtiger Lebensstil auch seine Reize.«

»Ja? Welche denn?«, wollte Hermine wissen, die sich bisher einzig und allein auf die Erinnerungsfetzen des Wochenendes stützte.

»Mensch Hermine«, stöhnte Chantal, die nach einem Termin in der Stadt schnell bei ihrer Freundin auf einen Kaffee vorbeigeschaut hatte. »Das sagt man eben so. So etwas macht doch interessant. Das lässt Raum für Spekulationen. Darauf stehen wir Frauen doch.«

»Tun wir das?«, fragte Hermine und war sich selbst noch nicht sicher, auf was sie eigentlich stand. Doch viel weiter kam sie mit ihren Gedanken auch nicht. Denn gerade als Chantal zu einer ausführlichen Antwort bezüglich weiblicher Bedürfnisse ansetzten wollte, ging die Ladentür auf. Hinter einem riesigen Blumenstrauß war ein Mann zu erkennen, der, wie Chantal neidlos anerkennen musste, noch ein kleines bisschen attraktiver schien, als Lennart es war. Zugegebenermaßen hatte sie Lennart auch noch nie hinter einem Blumenstrauß gesehen. Er hätte bestimmt auch ein gutes Bild damit abgegeben. Aber das war wohl ein Wunschtraum, der sich nie erfüllen würde. Mit offenem Mund standen die zwei Freundinnen hinter der Ladentheke und es kam ihnen vor, als würde dieser Gott von einem Mann, begleitet von einem ganzen Symphonieorchester in die Buchhandlung schweben.

»Ich geh mal aufs Klo«, sagte Chantal und verdrückte sich in die kleine Toilette, die sich direkt neben der Kasse befand. Sie zog die Tür zu und stellte fest, dass dies eine absolut bescheuerte Idee war. Es gab nämlich nicht einmal ein Schlüsselloch, durch das sie die beiden hätte beobachten können. Das Drehschloss war mit Sicherheit neben dem Computer das einzige, was in diesem Geschäft halbwegs auf zivilisiertes Leben im 21. Jahrhundert schließen ließ.

»Verdammt«, fluchte Chantal und drückte ihr Ohr an die Tür, in der Hoffnung wenigstens etwas von der Unterhaltung mitzubekommen. Draußen hatte Hermine gerade mit sich selbst zu kämpfen, weil sie keine Ahnung hatte, wie sie sich verhalten sollte. Sie hielt sich krampfhaft an der Ladentheke fest und versuchte mit den Beinen nicht all zu sehr hin und her zu treten. Um so mehr sie sich festkrallte, desto mehr kam ihre Unterlippe in Bewegung. Sie schob sie auffällig oft hinter ihre Zähne und wieder zurück. Irgendwie hatte sie sechsunddreißig Jahre auf diesen Moment gewartet und war trotzdem unvorbereitet. So ein Mist. Gut, wahrscheinlich hatte sie im Säuglingsalter noch nicht über eine mögliche Situation dieser Art nachgedacht, aber spätestens in der Grundschule hatte sie mit an Sicherheit grenzender Wahrscheinlichkeit damit angefangen. Und es war alles für die Katz. Sie hatte keine Ahnung, was sie tun sollte.

»Hallo Hermine«, rief Marc und strahlte über das ganze Gesicht. Diese Situation passte so gar nicht zu den Geschichten, die sie gerade erst über ihn gelesen hatte. Er verkörperte in ihren Augen den perfekten Gentleman und sie schob alle Zweifel, welche seinen ehrlichen Broterwerb angingen, beiseite.

»Hallo Marc«, antwortete sie, war aber nicht fähig noch etwas zu ihrer Standardgesprächseröffnung hinzuzufügen. Sie kam sich gerade wieder vor, wie damals in der Schule, als sie der Klassenschwarm doch tatsächlich vor allen anderen gefragt hatte, ob sie nicht Lust hätte, mit ihm den Tanzkurs zu machen. Vielleicht hätte ihr die Tatsache zu denken geben sollen, dass auch seine Freundin dabeistand. Doch irgendwie hatte der Wunsch, endlich wegen des mit hohen Erwartungen behafteten Tanzkurses gefragt zu werden, alle sinnvollen Gedankengänge beiseite geschoben. Und so kam es, dass sie mit einem völlig dämlichen Lächeln ins offene Messer gelaufen war.

»Natürlich will ich«, hatte sie geschmachtet und zeigte ihr schönstes Zahnspangenlächeln noch einmal, kurz bevor das Ende ihres tristen Daseins verbal in die Wege geleitet wurde.

»Das dachte ich mir«, sagte der gut aussehende Junge, dem fast alle Mädchen ihrer Klasse hinterhergelaufen waren. »Aber ich will ihn leider nicht mit dir machen.« Scheinbar hatten alle schon vorher vom Verlauf des Gespräches gewusst, denn beim letzten Wort brachen alle in schallendes Gelächter aus. Das Ende vom Lied war, dass Hermine ihren Tanzkurspartner aus der Parallelklasse zugewiesen bekam, weil da zufällig ein Junge war, den auch keiner wollte. Der war noch dicker als sie und es grenzte an eine Meisterleistung, überhaupt die Grundstellung einzunehmen, weil sein Bauch ständig im Weg war. Der einzige Vorteil bei der Sache bestand darin, dass sie dieses Mal die Schlanke war.

Dieses Erlebnis hatte sie ihr ganzes Leben lang begleitet und veranlasste sie auch in diesem Moment den ganzen Raum instinktiv nach einer versteckten Kamera abzusuchen. Irgendwo versteckte sich wahrscheinlich ihre alte Schulklasse und wartete nur darauf aus dem Versteck zu stürmen, um mit dem Finger auf sie zu zeigen.

»Suchst du was?«, fragte Marc, als er Hermine dabei beobachtete, wie sie sich hektisch umschaute.

»Äh, nein«, antwortete sie und ärgerte sich gleichzeitig, dass sie ihm jetzt hier in ihrem biederen Arbeitsoutfit gegenüberstand.

»Gut! Dann kannst du mir ja jetzt vielleicht auch die Blumen abnehmen«, sagte Marc.

»Natürlich«, antwortete Hermine hektisch und schaffte es nicht, die nächste dämliche Bemerkung zu vermeiden. »Sind die für mich?«

Marc schaute sich nun ebenfalls hektisch um und antwortete. »Es ist niemand anderes da. Dann müssen sie wohl für dich sein.« Er schaute ihr tief in die Augen und Hermine konnte immer noch nicht glauben, was ihr da gerade passierte.

»Oh«, sagte Hermine ernsthaft verwundert. »Damit hätte ich jetzt aber wirklich nicht gerechnet.«

»Ich habe doch gesagt, ich komm dich mal besuchen.«

»Hast du?«, fragte Hermine erstaunt, weil sie sich nicht einmal ansatzweise daran erinnern konnte.

»Ja, hab ich«, bestätigte er mit einem vielsagenden Lächeln. »Aber ich hab schon befürchtet, dass du dich nicht mehr daran erinnern könntest. Wenigstens kannst du dich noch an mich erinnern. Das ist doch schon mal was.«

»Oh«, sagte Hermine schon wieder. Dann hatte sie sich ja die ganze Zeit umsonst Gedanken darüber gemacht, ob sie ihren Traumprinzen wiedersehen würde. Scheinbar hatte sie noch mehr getrunken, als sie nach der Rekonstruktion des Abends angenommen hatte. Aber vielleicht war ja noch mehr gewesen. Vielleicht konnte sie sich ja auch an viel schlimmere oder viel aufregendere Dinge nicht mehr erinnern.

»War sonst noch etwas, an das ich mich nicht mehr erinnern kann?«, fragte Hermine und rechnete schon mit dem Schlimmsten. Vor allem, als Marc einen ziemlich betreten Gesichtsausdruck angenommen hatte.

»Du kannst dich wirklich nicht mehr erinnern?«, fragte Marc mit traurigem Blick und Hermine bekam Schüttelfrost und Schweißausbrüche zugleich. Ihr Kreislauf drohte sich eine Auszeit zu nehmen und sie war nicht fähig weiter nachzufragen. Marc dagegen schaute sich um, als würde er nachsehen wollen, ob sie auch von niemandem belauscht wurden. Die einzige Antwort, zu der Hermine fähig war, war ein stummes Kopfschütteln gewesen. Marc beugte sich zu ihr nach vorne und fing an zu flüstern.

»Wir hatten unglaublichen Sex in meinem Büro. Während die anderen gefeiert haben, sind wir beide wieder zurück und haben es wie wild auf meinem Schreibtisch getrieben. Danach auf der Couch, auf dem Boden und zum Schuss sogar unter freiem Himmel auf meinem Balkon. So etwas habe ich zuvor noch nie erlebt.«

Hermine stand kurz vor einem körperlichen Supergau. Das war eindeutig zu viel für sie. Das erste Mal im Leben und sie wusste nichts mehr davon? Hatte das verdammte Arschloch von Schicksal mal wieder einen besonders guten Tag gehabt? Das konnte doch alles gar nicht wahr sein. Ihr Gesichtsausdruck veränderte sich zunehmend in Richtung einer Wahnsinnigen und das veranlasste wohl Marc auch dazu sein Späßchen schneller aufzulösen, als er es eigentlich wollte.

»Keine Angst, das war doch nur Spaß«, sagte er und strich ihr dabei mit der Hand über den Arm. »Aber die Versuchung war gerade einfach zu groß, nachdem du dich auch nicht daran erinnern konntest, dass ich dich besuchen wollte.

»Puh«, stöhnte Hermine und ließ sich in den Lesesessel neben der Ladentheke fallen. »Mach das nicht noch mal. Das überleb ich nicht.«

»Schon gut«, antwortete Marc und hob abwehrend beide Hände. »Willst du vielleicht trotzdem morgen Abend mit mir essen gehen?«

Hermine fragte sich, ob das nun wirklich noch zu einer Tanzkurssituation werden würde. Oder konnte sie davon ausgehen, dass der Blumenstrauß selbst für einen reichen Mann an Verschwendung grenzen würde, wenn es nur ein Spaß sein sollte. Wenn es ernst gemeint war, dann wusste sie beim besten Willen nicht, warum? Schließlich war sie ja nur die graue Maus, die mit sechsunddreißig immer noch keinen Sex gehabt hatte und wohl irgendwann ungeöffnet an den Absender zurückgeschickt werden würde. Oder war sie die ganzen Jahre nur zu doof dazu gewesen? Zumindest würde das Chantals Theorie unterstützen. Über den Gedanken, dass ihre Freundin vielleicht die ganze Zeit recht gehabt haben könnte, wollte sie sich aber erst später ärgern.

»Meinst du das ernst?«, fragte Hermine deshalb lieber noch mal vorsichtig nach, bevor sie sich zu früh freute.

»Natürlich mein ich das ernst. Wie kommst du darauf, dass ich das nicht ernst meinen könnte?« Marc schaute doch tatsächlich so, als könne er Hermines Bedenken wirklich nicht nachvollziehen.

»Ach, nur so«, antwortete sie und fing ganz langsam wirklich an zu glauben, was sie da gerade gehört hatte. »Natürlich will ich. Was für eine Frage.«

»Schön«, antwortete Marc. »Dann werde ich versuchen, dich morgen mit einem tollen Restaurant zu überraschen. Ich freu mich drauf.«

»Und ich erst«, antwortete Hermine, die es langsam aufgegeben hatte nach der versteckten Kamera zu suchen. Sie kam sich vor wie ein Teenager bei der ersten Verabredung. Bei näherer Betrachtung stellte sie fest, dass es ja eigentlich auch so war. Und das, obwohl sie schon seit Ewigkeiten aus dem Alter der ersten Verabredung raus war. Aber eigentlich war es ja auch völlig egal. Es war ein schönes Gefühl, endlich wieder angenehm aufgeregt zu sein und endlich das Gefühl zu haben, vom tollsten Mann der Welt begehrt zu werden. Da es noch eine ganze Weile dauerte, bis ein störender Kunde kam und die zwei Turteltäubchen dazu gezwungen hatte, die angeregte Unterhaltung auf den darauffolgenden Tag zu verlegen, musste Chantal deutlich länger als gewollt auf der

Toilette aushalten. Nach gut einer Stunde und auch deutlich nach dem Zeitpunkt, an dem es in der Redaktion noch glaubhaft geklungen hätte, dass sich ihr Termin in die Länge gezogen hatte, traute Chantal sich endlich die Tür einen Spalt zu öffnen und einen Blick hinaus zu werfen. Als Marc sich beim Hinausgehen noch einmal umdrehte, zog Chantal die Tür schneller wieder zu, als sie den Kopf zurückgezogen hatte.

»Scheiße!«, fluchte sie hinter verschlossener Tür so laut, dass ihre Stimme dumpf in den Verkaufsraum drang.

»Hast du das auch gehört?«, fragte Marc und deutete mit dem Finger in Richtung Toilette. »Und wo ist eigentlich deine Freundin? War die vorhin nicht auch da, als ich reingekommen bin?«

»Was? Äh, nein«, antwortete Chantal eigentlich viel zu knapp in Betracht der komplexen Fragestellung. Doch sie hatte Glück und Marc konnte auch nicht weiter nachfragen, da er dringend zum nächsten Termin musste.

»Sei vorsichtig«, sagte er mit erhobenem Zeigefinger. »Ich glaube es gibt Geister in der Buchhandlung.«

Marc verschwand und Hermine starrte noch eine ganze Weile zum Ausgang. Der Kunde versorgte sich zum Glück selbst und als sie endlich wieder imstande war sich zu bewegen, riss sie die Tür zur Toilette auf.

Dort sah sie Chantal mit einer rötlichen Verfärbung an der Stirn, die sich ganz langsam zu einer Beule entwickelte, auf dem Klodeckel sitzen. »Hast du alles mitbekommen?«, fragte Hermine furchtbar aufgeregt und flatterte dabei mit ihren Händen, als wolle sie zu einem Testflug ansetzen.

»Ja, hab ich«, sagte Chantal und rieb sich die Stirn. »Eine ganze Stunde lang hab ich alles mitbekommen.«

»Ja und? Freust du dich denn gar nicht für mich?«

»Natürlich freu ich mich für dich. Aber ich hatte gehofft es wäre etwas einfacher und vor allem nicht so unbequem für mich, wenn du dich verabredest.«

»Ich hab doch nicht gesagt, dass du im Klo verschwinden sollst«, sagte Hermine jetzt schon fast etwas beleidigt. Eigentlich wäre ihr danach gewesen, den Laden zu schließen und eine Flasche Sekt aufzumachen. Stattdessen jammerte ihre Freundin nur über ihre selbst verschuldete Lage.

Chantal realisierte, dass sie wohl ziemlich dämlich reagiert hatte. Wohl auch aus dem Grund, weil bei ihr schon seit Jahren alles schief gegangen war. Und dafür konnte Hermine ja nun wirklich nichts. Das musste sie sich immer wieder einreden. Auch wenn sie davon ausgegangen war, dass sie diejenige sein würde, die nach dem Beschluss ihrer Agenda den ersten Typen abräumen würde, sollte sie sich jetzt wohl endlich für ihre Freundin freuen.

»Tut mir leid. Das war doof von mir. Ich bin ja wirklich selbst schuld gewesen.«

»Das will ich meinen«, sagte Hermine. Und als der Kunde ohne etwas zu kaufen die Buchhandlung wieder verlassen hatte, zaubert sie wie aus dem Nichts eine Flasche Sekt auf die Ladentheke.

»Du rufst jetzt am besten in der Redaktion an und sagst du hättest einen familiären Notfall. Ich mach den Laden zu und wir schnappen uns die Flasche hier.«

»Woher hast du den Sekt? Und was ist, wenn deine Mutter aufkreuzt?«

»Der Sekt steht immer da, für den Fall, dass die Freundinnen meiner Mutter vorbeikommen, mit denen sie heute den ganzen Tag auf Ausflug ist.«

»Und wenn jemand deiner Mutter sagt, dass du das Geschäft heute zwei Stunden vor Feierabend zugemacht hast?«

Hermine beugte sich über die Theke und sah ihrer Freundin tief in die Augen. »Das ist mir heute scheißegal.«

»Revolution!«, schrie Chantal und freute sich nun tatsächlich von ganzem Herzen. Ein bisschen wegen des tollen Kerls, der ganz offensichtlich eine Schwäche für ihre Freundin hatte, aber zu einem Großteil, weil Hermine an diesem Tag endlich mal den Arsch in der Hose hatte, ihrer Mutter wenigstens indirekt die Stirn zu bieten.

Kapitel 11

Hermine hatte die Nacht über kaum ein Auge zugemacht, weil sie vor Aufregung einfach nicht zur Ruhe kommen konnte. Von „niemals mit einem Mann ausgehen" ohne Anlaufzeit plötzlich zu „mit einem der begehrtesten Männer überhaupt ausgehen" katapultiert zu werden, schien sie doch etwas zu überfordern. Um auch ja keine Moralpredigt wegen ihrer Kleidung ertragen zu müssen, hatte sie mit Chantal ausgemacht, das Aufbrezeln bei ihr in der Wohnung durchzuführen. Doch bis es so weit war, erfuhr Chantal in der Redaktion ziemlich unfreiwillig von den Gerüchten, die sich um Marc rankten. Da sie ja in Stellas Augen schon fast eine Vertraute des Szenegottes war, fing diese an, sie ein wenig wegen ihm zu löchern. Doch im Gegenzug zum eigentlich Wunsch Stellas in die Tiefen des Umfeldes dieser sagenumwobenen Lichtgestalt des Kleinstadt-dschungels einzutauchen, war sie die einzige, die Informationen preisgeben konnte. Auch wenn diese Dinge reine Spekulation und bisher vor Gericht immer völlig haltlos gewesen waren.

»Du, Chantal«, fing Stella schüchtern an und sah dabei auf den Boden wie ein Mädchen, das in der achten Klasse ihren Schwarm fragen wollte, ob er Lust auf Kino hatte. »Kann ich dich mal was fragen?«

»Klar«, bestätigte diese. »Schieß los.«

»Ist da eigentlich was dran an den Geschichten, die man sich über Marc erzählt?«

»Was genau meinst du denn damit?«

»Na du weißt schon. Die Sache mit dem Drogenhandel. Es wird doch gemunkelt, dass er den ganzen Extasy-Markt hier in der Gegend unter Kontrolle hat.«

Chantal war das natürlich völlig neu und es traf sie ziemlich unerwartet. Da sie ja altersbedingt schon ein ganzes Stück weg vom wirklichen Szeneleben war und die gute Bekanntschaft mit Marc sich auf eine zufällige Begegnung und einen alkoholtechnischen Totalausfall beschränkte, waren ihre Informationen in dieser Hinsicht gleich null. Aber wenn das so wäre, warum hatte sie dann als Journalistin noch nichts davon mitbekommen? Waren sie wirklich so ein ahnungsloses Dorfblatt, wie es von den jüngeren Nichtlesern immer unterstellt wurde? Wie auch immer. Wenn an solch schwerwiegenden Anschuldigungen ein begründeter Verdacht haften würden, hätte sie es gewusst. Definitiv!

»Was? So ein Quatsch«, antwortete Chantal und versuchte so souverän wie möglich zu wirken. Wenn sie schon mal in den Augen der Jugend seit dem Wochenende einen Kultstatus besaß, wollte sie diesen auch so lange wie möglich beibehalten. »Wir waren ja erst am Wochenende den ganzen Abend im VIP-Bereich des KLUB′s. Wenn da was in der Art laufen würde, hätten wir es doch sicherlich mitbekommen.« Gleich, nachdem sie ausgesprochen hatte, musste sie sich aber selbst eingestehen, dass sie sich ja an so gut wie gar nichts mehr erinnern konnte. Egal, das musste jetzt Stella aber auch nicht wissen.

»Puh, zum Glück«, stöhnte Stella. »Ich habe mir schon langsam Sorgen gemacht.«

Es gab immer wieder Momente, in denen Chantal extrem von Stella überrascht wurde. Niemals hätte sie ihre junge Freundin so eingeschätzt, dass sie sich lieber von verruchten Plätzen fernhalten wollte. Doch dieser Gedanke hatte nur begrenzt Substanz und wurde durch die nächste Aussage wieder etwas relativiert.

»Ich dachte schon, ich müsste mir demnächst irgendwann eine neue Location zum Abfeiern suchen, falls da was dran wäre und die den Laden irgendwann hochnehmen.«

Stellas Mikrokosmos war einfach. Disco gerettet – Welt in Ordnung. Chantal dagegen war trotz allem etwas verunsichert. Warum zum Geier hatte sie noch nie etwas von diesen Gerüchten gehört. Sie wollte zwar Hermine auf keinen Fall etwas davon sagen, aber sie nahm sich vor, der Sache etwas nachzugehen. Und dazu wollte sie sogar in den sauren Apfel beißen und Lennart dazu befragen. Schließlich verkehrte er ja in den erlesenen Kreisen der High Society. Zumindest, was man in dieser Kleinstadt so oder so ähnlich bezeichnen konnte. Wenn es da etwas gäbe, dann würde er es wissen. Da war sich Chantal sicher.

Sie drückte sich noch eine ganze Weile davor, den Gang in die Höhle des Löwen anzutreten. Irgendwie war ihr die neue Situation mit Marc recht unheimlich. Klar, es hatte mit Sicherheit etwas damit zu tun, dass sie sich für ihn unverständlicherweise so gut mit Stella verstand. Aber der eine Moment, in dem sie vor ihm davongelaufen war, hatte sie sehr verwundert. Auch wenn es eigentlich unmöglich erschien, hatte sie sich eingebildet, so etwas wie Reue für diese Verbalattacke in seinen Augen gesehen zu haben.

»Kann ich dich mal was fragen?«, erkundigte sich Chantal dann doch endlich kurz vor Feierabend bei ihrem Kollegen.

»Äh, ja. Kannst du«, antwortete Lennart und sah dabei wirklich verunsichert aus. Chantal zermarterte sich zwar den Kopf, konnte aber keinen sinnvollen Zusammenhang zwischen den Erlebnissen der letzten Tage herstellen.

»Du bist doch immer in der hiesigen Szene unterwegs, oder?«

»Wenn du das so nennen willst, dann wird das wohl die Szene sein.«

»Kennst du Marc? Den Besitzer vom KLUB?«

»Wieso fragst du?«, wollte er wissen und ein kurzes aber sichtbares Zucken war an seinen Mundwinkeln zu erkennen. Die Frage schien ihm nicht ganz geheuer zu sein.

»Na, weil du dich eben in der Szene auskennst und ich nicht. Ich will nur wissen, ob an den Gerüchten um ihn was dran ist.«

»Was für Gerüchte?«

»Ja kennst du ihn jetzt, oder nicht?«, hakte Chantal hartnäckig nach.

»Flüchtig. Von ihm gehört hat doch jeder schon«, war die Antwort, die ihr alles andere als glaubhaft erschien und ihr gleichzeitig mal wieder bestätigte, dass sie so gar nichts von all dem, was um sie herum im Nachtleben geschah, mitbekommen hatte.

»Ich meine die Gerüchte, in denen von Drogenhandel die Rede ist.«

»Äh, nein. Davon hab ich noch nie gehört«, wiegelte Lennart ab und wollte sich schon wieder übertrieben schnell seiner Arbeit widmen. Eigentlich lag es aber in seiner Natur sofort nachzuhaken, wenn er eine Story am Endes des Horizonts vermutete. Und außerdem war das schon das zweite „Äh" innerhalb kürzester Zeit. Dieses Stottern gab es in der Regel niemals bei der Selbstsicherheit in Person.

»Aber wie kann es sein, dass in der Stadt darüber spekuliert wird und wir hier in der Redaktion überhaupt nichts davon wissen.«

Lennart hatte seine Fassung nun wieder vollständig zurückerlangt und antwortete souverän, wie man es von ihm gewohnt war: »Nur, weil sich ein paar Jugendliche irgendwas aus den Fingern saugen, weil sie einen verruchten Helden brauchen, den sie anhimmeln können, muss das ja nicht gleich stimmen. Aber warum interessiert dich das? Du hast doch nicht etwa vor, in die erste Liga aufzusteigen, was die Männer angeht.«

»Das musste ja kommen«, gab Chantal etwas angefressen zurück und machte auf dem Absatz kehrt. Dass es ihre Freundin war, die ein Date mit ihm hatte, musste er ja nicht wissen.

»Jetzt sei doch nicht gleich beleidigt. War ja nicht so gemeint«, rief er ihr hinterher. Dieser Satz ließ sie kurz in ihrer Bewegung verharren, weil das überhaupt nicht seine Art war. Das war das erste Mal, dass sie so etwas wie eine ernst zunehmende Entschuldigung von ihm gehört hatte. Irgendetwas konnte mit ihm nicht stimmen. Sie zwang sich aber weiterzugehen, weil sie auf keinen Fall darauf eingehen wollte. Sie traute ihm einfach nicht und vermutete wieder irgendeine Gemeinheit dahinter. Auch wenn es sich dieses Mal ehrlich angehört hatte. In ihr Tagebuch würde sie es aber auf alle Fälle schreiben. Soviel war sicher.

Als Hermine dann am Nachmittag mit einer Sporttasche voll Klamotten, Schminkzeug und Schuhen vor

Chantals Tür stand, beschloss diese erstmal überhaupt nichts von den Gerüchten zu erwähnen. Auch wenn Lennart recht merkwürdig reagiert hatte, war es ja eben nur ein Gerücht. Und ohne einen Beweis für diese Geschichten, wollte sie ihre Freundin nicht weiter verunsichern. Das schaffte Hermine auch ganz gut alleine. Sie war hochgradig nervös und ihr Talent unbewusst ein tolles Outfit zusammenstellen zu können, hatte sich wohl sofort in dem Moment, als sie eingeladen wurde, in Luft aufgelöst. Sie stand vor Chantal und war völlig hilflos.

»Ich hab überhaupt keine Ahnung was ich anziehen soll«, jammerte Hermine an einer Tour. »Ich weiß ja auch gar nicht, auf was Marc so steht.«

»Aber ich weiß es«, antwortete Chantal.

»Echt?«

»Echt!«

»Und auf was steht er deiner Meinung nach?«, wollte Hermine wissen.

»Natürlich auf Brüste. Auf was denn sonst? Alle Männer stehen auf Brüste. Als du da auf seinem Schoß gelegen bist und er dir mit dem Waschlappen die Stirn getupft hat, wanderte sein Blick ständig zwischen deinem Gesicht und deinen zwei prallen Freunden hin und her.«

»Echt?«

»Echt! Kannst du eigentlich auch mal was anderes sagen als echt?«, fragte Chantal und ihr wurde schlagartig und bestimmt schon zum zweihundertsten Mal bewusst, dass ihre Freundin wirklich gar keine Ahnung von Männern hatte. Sie wollte gar nicht daran denken, wie Hermine wohl reagieren würde, wenn es ans Eingemachte gehen würde. Aber da musste sie jetzt durch. Die meisten machten diese Erfahrung noch vor ihrem achtzehnten Geburtstag. Bei Hermine hatte es eben ein bisschen länger gedauert. Sie war ja vor Kurzem schon zum zweiten Mal Achtzehn geworden. Und dummerweise hatte sie die meisten Erfahrungen schon vor ihrem ersten achtzehnten Geburtstag gemacht. Doch Chantal war sich sicher, dass es an diesem Abend endlich soweit sein würde, als sie Hermine fertig für den Abend aller Abende aufgebrezelt hatte. Der Mann, der da widerstehen konnte, musste definitiv schwul sein. Bei so vielen Kurven und so viel Weiblichkeit war es nur eine Frage der Zeit, bis Marc sich nicht mehr halten könnte und über sie herfallen würde. Diese Erkenntnis behielt Chantal jedoch lieber für sich. Sie hatte Sorge, dass ihre Freundin bei solchen Aussichten vielleicht doch noch einen Rückzieher machen könnte.

Kapitel 12

Wo fahren wir denn hin?«, fragte Hermine und war dabei so aufgeregt wie ein Kind, das auf den Weihnachtsmann wartete. Marc hatte sie bei Chantal zu Hause abgeholt, weil Hermine nicht wollte, dass ihre Mutter etwas von ihrem Date mitbekam. Offiziell hatten sich die beiden Freundinnen natürlich nach der Arbeit ganz locker auf einen Kaffee bei Chantal getroffen. Offiziell hatte sie auch gar nicht viel Zeit gehabt, um sich für den Abend herzurichten.

»Das wird eine Überraschung«, antwortete Marc. »Du siehst übrigens umwerfend aus. Ich möchte mal wissen, wie du aussiehst, wenn du auch noch Zeit hast, dich zurechtzumachen.« Marc warf ihr dabei einen vielsagenden Blick von der Seite zu. Hermine zupfte nervös an ihrem Oberteil herum, das ihrer Meinung nach ein bisschen zu viel Dekolleté preisgab. Aber Chantal hatte gesagt, das müsste so sein.

»Wieso hast du eigentlich keine Frau?«, war die Frage, die Hermine brennend interessiert hatte. Doch die Überwindung, die sie das Stellen der Frage gekostet hatte, sorgte dafür, dass sie diesen Satz nur bruchstückhaft formulieren konnte und ziemlich ins

Stottern geriet. Nachdem Marc nicht gleich reagiert hatte, war ihr die Frage furchtbar peinlich.

»Entschuldige«, sagte Hermine und schaute dabei stur in ihre Handtasche, die sie dauernd auf und zu knipste. »Das musst du natürlich nicht beantworten.«

»Ist schon in Ordnung«, erwiderte Marc und sorgte damit bei ihr für ein erleichtertes Ausatmen. Viel länger hätte sie die Luft auch nicht mehr anhalten können. »Ich hab nur nach einer passenden Formulierung gesucht. Aber so schwer ist das eigentlich gar nicht. Bis jetzt habe ich einfach noch nicht die Richtige gefunden. Und ich arbeite auch sehr viel. Das ist nicht immer einfach für eine Beziehung.«

Sie unterhielten sich noch eine ganze Weile über das Thema und Hermine konnte beim besten Willen keinen Haken an diesem Wahnsinnstypen finden. Wenn die einzige Sache seine viele Arbeit war, könnte sie sich wohl damit anfreunden. Das würde sie sogar sehr gut können. Und in den Kinofilmen ist es ja immer so, dass die Frauen von erfolgreichen Männern sich eben darum kümmerten, dass das viele Geld nicht schlecht und schimmelig wurde. Auch damit würde sie sich anfreunden. Während sie gedanklich schon am Geldausgeben war, hatten sie ihr Ziel erreicht und Hermine musste sich eingestehen, dass sie nicht einmal darauf geachtet hatte, wo er denn eigentlich mit ihr hingefahren war.

»Hier sind wir«, sagte Marc und Hermine hatte keine Ahnung, wo das Hier nun eigentlich war. Viel zu sehr hatte sie sich während ihrer lockeren Unterhaltung darauf besonnen, sich gedanklich auf das Luxusleben einer Klubbesitzerin einzustimmen. Sie waren mitten in einem Waldstück, in dem eine Mühle auf einer Lichtung zu einem Restaurant umgebaut worden war. Obwohl es eigentlich nicht weit weg von ihrem Wohnort sein konnte, hatte sie noch nie von dieser Mühle im Wald gehört. Wahrscheinlich lag das aber daran, dass ihre kulinarischen Höhepunkte stets beim ortsansässigen Italiener stattgefunden hatten.

»Schön«, antwortete Hermine und wollte sich eigentlich nicht eingestehen, dass sie mit ihren Gedanken die ganze Zeit wo anders gewesen war. Sie verzichtete nach dem „Hier" zu fragen und ließ sich von Marc die Autotüre öffnen. Er bot ihr, wie in einem romantischen Hollywoodfilm, seinen Arm an und sie hakte sich etwas ungelenk ein. Im Vorbeilaufen konnte sie einen Blick auf die Karte werfen, die am Treppenaufgang angebracht war, und wusste sofort, warum sie noch nichts von diesem Etablissement gehört hatte. Bei den Preisen wäre wahrscheinlich nicht mal ein Süppchen im Budget gewesen. Geschweige denn eine Hauptmahlzeit mit kalorienreichem Nachtisch.

»Na, hab ich dir zu viel versprochen?«, fragte Marc, als sie bei Kerzenschein in einer kleinen, etwas abgetrennten Ecke des Lokals saßen.

»Nein«, antwortete Hermine, die wegen des ganzen Drumherums Mühe hatte, einen Satz aus mehreren Wörtern sinnvoll zu formulieren. Aber sie versuchte es trotzdem. »Das hab ich auch nicht anders erwartet.«

Kurz, nachdem sie den Satz ausgesprochen hatte, zog sie gedanklich ihr Genick ein, weil sie befürchtet hatte, sie könnte damit zu arrogant gewirkt haben. Natürlich nur für den Fall, dass er das darauf beziehen würde, dass sie schließlich nichts anderes verdient habe, oder etwas in dieser Art. Aber wie gewöhnlich machte sich Hermine viel zu viel Gedanken und war so sehr damit beschäftigt aller richtig zu machen, dass sie es gar nicht gleich gespürt hatte, dass Marc seine Hand auf ihre gelegt hatte. Erst als er sprach, wurde ihr das bewusst und sorgte mit einem Schlag für einen ganzen Schwarm Flugsaurier in ihrer Magengegend. Mitten in der Unterhaltung sagte er plötzlich etwas völlig Unerwartetes zu ihr.

»Du bist eine wahnsinnig attraktive Frau«, platzte es aus Marc heraus und Hermine war wie vom Blitz getroffen. Sie war nicht fähig auch nur eine einzige Silbe als Antwort über ihre Lippen zu bringen. »Aber das hörst du ja wahrscheinlich ständig«, legte Marc nach und wusste noch nicht so recht, wie er Hermines

Schweigen deuten sollte. Ihr wurde allerdings schlagartig bewusst, dass sie nun endlich etwas sagen müsste, wenn sie nicht wollte, dass Superman hier gleich durchs Fenster davonfliegen würde.

»Äh ja, ich meine nein, also danke«, stammelte sie und fing vor lauter Aufregung an zu schwitzen, als hätte jemand in der Sauna einen Aufguss aus spanischen Liebestropfen gemacht. »Ich muss mal auf die Toilette«, fügte sie hinzu und hoffte, dass es sich nicht ganz so plump und ungeschickt angehört hatte. Doch warum hoffte sie das? Natürlich hatte sich das plump und ungeschickt angehört. Und Marc schien das sogar irgendwie zu gefallen. Doch so aufgeregt, wie Hermine war, hatte sie das natürlich nicht wahrgenommen. Sie war vielmehr damit beschäftigt gewesen, auf dem Weg zur Toilette geradeaus zu laufen und keine Stühle umzuwerfen. Dabei drehten ihre Gedanken im Kopf die wildesten Loopings.

„Verdammt noch mal. Kann mir denn nicht noch etwas Blöderes einfallen. Vielleicht hätte ich ihm ja auch gleich sagen sollen, dass mir ständig extrem gut aussehende Männer solche Komplimente machen und dass es nur an der mangelnden Zeit lag, dass ich immer noch Jungfrau bin. So ein verdammter Scheiß. Ich muss sofort Chantal anrufen.“

Auf der Toilette war zum Glück niemand und Hermine zückte sofort ihr Handy. Schon nach dem ersten Klingeln befürchtete sie, dass ihre Freundin das Handy nicht hören würde. Es klingelte das zweite Mal.

»Wieso rufst du mich an und sitzt nicht bei deinem Traummann auf dem Schoß?«, wollte Chantal ohne Begrüßung sofort wissen.

»Warum brauchst du so lange, um ans Telefon zu gehen?«, stellte Hermine die Gegenfrage.

»Es hat nur zwei Mal geklingelt.«

»Echt?«

»Jetzt fang nicht schon wieder mit dem verdammten echt an«, stöhnte Chantal. »Was ist los, warum rufst du an?«

»Marc hat mir Komplimente gemacht.«

»Und das wolltest du mir jetzt sofort mitteilen, oder was? Mensch Hermine, das kannst du doch morgen noch machen.«

»Ja, aber ich hab total blöd reagiert.«

»Wie denn? Hast du ihm eine reingehauen? Hast du ihn ausgelacht? Was kann denn so schlimm sein, dass du mich gleich anrufen musst?«

Hermine erzählte kurz von ihrer Sprachlosigkeit, ihrem kurzzeitigen Schweißausbruch und ihrem Stottern und wollte gerade anfangen sich selbst zu bemitleiden, als Chantal ihr durch die Telefonleitung einen Arschtritt verpasst hatte.

»Ich will nix mehr hören. Geh jetzt wieder raus und mach den Typen klar, verdammt noch mal. Geh ran, der will dich. Sonst würde der so was nicht sagen. Und bevor du jetzt anfängst, Bedenken zu haben, dass es vielleicht doch nicht der Mann fürs Leben sein könnte – Scheiß drauf. Nimm ihn mit. Und wenn es nur für eine Nacht ist. Los jetzt!«

»Aber ...«, wollte Hermine ansetzen.

»Nix aber. Auf geht's. Ich will nichts mehr von dir hören, bis du wenigstens den ersten Teilerfolg erreicht hast.«

Chantal hatte aufgelegt, bevor ihre Freundin Piep sagen konnte. Sie stand auf der Toilette, schaute ihr Handy an, dann in den Spiegel und machte sich wieder auf den Weg an den Tisch. Als sie sich setzte, spürte sie, dass ihre Blase immer noch voll war, die Flugsaurier mittlerweile ein Stockcar-Rennen veranstalteten und Marc immer noch so verdammt gut aussah. Entgegen ihren Befürchtungen fragte er nicht, warum sie so lange gebraucht hatte.

Ganz langsam, und vor allem mit zunehmender Nahrungsaufnahme, wurde sie ruhiger. Das Essen war unglaublich, der Wein für siebenundvierzig Euro die Flasche war auch nicht von schlechten Eltern und als ob es das Selbstverständlichste auf der Welt wäre, erkundigte sich nach dem Menü auch noch der Chef des Hauses persönlich, ob denn alles in Ordnung gewesen sei. Natürlich war der Chef des Hauses auch ein Freund von Marc. Man kannte sich eben in der Szene. Und dann kam ein Likörchen zum anderen und plötzlich, ohne dass Hermine sich eigentlich klar war, ob sie das überhaupt wollte, zeigte Marc ihr nach dem Essen die Mühle. Und zwar den Teil der Mühle, der mit dem Restaurant nichts mehr zu tun hatte. Den Teil, den man nur zu Gesicht bekam, wenn man den Chef kannte. Das Gebäude bestand aus einem uralten Gemäuer, in das durch die steinernen Luken der Mondschein fiel. Der Dachboden war mit Stroh ausgelegt und ein Fachwerkgebälk durchzog das ganze Stockwerk. Marc nahm Hermine an die Hand und erzählte ihr viele Dinge über diese alte Mühle. Komischerweise machten sogar diese, eigentlich völlig uninteressanten Dinge, Hermine so richtig scharf. Sie konnte es sich beim besten Willen nicht erklären, wie dieser Mann es geschafft hatte, durch die alten Geschichten dieses Bauwerkes so ein Kribbeln in ihr zu erzeugen. Gut, vielleicht lag es auch daran, dass er ihr dabei einfach immer näher kam. Aber das war Hermine in diesem Moment egal. Es war so romantisch, wie es in Wirklichkeit eigentlich gar nicht sein konnte. Doch bevor sie sich hemmungslos allem hingeben würde, musste sie noch einmal mit Chantal sprechen. Auch auf die Gefahr hin, dass Marc denken könnte, sie hätte ein ernsthaftes Blasenproblem, musste sie noch einmal auf das stille Örtchen.

»Geh nur. Wenn du nichts dagegen hast, besorge ich uns in der Zeit noch ein Fläschchen Schampus. Dann können wir es uns hier noch ein bisschen gemütlich machen.«

»Oh ja«, antwortete Hermine für ihren Geschmack viel zu lustvoll. Aber irgendwie schien sie sich nicht mehr unter Kontrolle zu haben. Die Aussicht auf ein wildes Abenteuer und der Genuss von viel zu viel Alkohol wirbelten in ihrem Kopf alles durcheinander. So schnell sie konnte lief sie zur Toilette und wählte noch im Hineinlaufen Chantals Nummer.

»Was ist denn jetzt schon wieder?« fragte Chantal schon fast etwas enttäuscht. »Ich hab doch gesagt, dass ich erst wieder was von dir hören will, wenn du einen Teilerfolg verbuchen kannst.«

»Ich glaub es geht los«, flüsterte Hermine aufgeregt wie ein Teenager vor dem ersten Kuss ins Telefon.

»Was? Echt?«, stammelte Chantal. »Und warum rufst du dann noch an?«

»Ja ich weiß doch gar nicht, was ich machen soll.«

»Wie? Was soll das denn jetzt heißen?«

»Ich hab keine Ahnung, wie ich das angehen soll.«

»Oh Mann, das gibt's doch nicht«, stöhnte Chantal schon wieder. »Für einen Grundkurs in Beischlaftechniken haben wir jetzt keine Zeit mehr. Mach einfach, was du für richtig hältst. Denk an irgendeinen Film, den du schon gesehen hast. Vielleicht kannst du dir ja da selbst ein paar Tipps holen. Und im Zweifelsfall lässt du einfach Marc machen. Wenn du Glück hast, hat der schon mal was mit einer Frau gehabt.«

»Sehr witzig, Chantal.«

»Und jetzt ran an den Supermann. Ich will jetzt nix mehr hören. Schnapp dir den Kerl. Ich wünsch dir die beste Nacht deines Lebens.«

»Meinst du, ich soll wirklich?«, wollte Hermine noch ein letztes Mal wissen.

»AAAAAAAHHHHHHHHHHH«, schrie Chantal ins Telefon. »Das kann ja wohl nicht wahr sein. Nein, du sollst nicht. Du musst. Und jetzt mach schon, bevor er es sich noch anders überlegt.«

Mit pochendem Herzen ging Hermine zurück auf den Heuboden der Mühle. Würde das heute wirklich die Nacht aller Nächte werden? Sie war so aufgeregt, dass sie Mühe hatte, nicht mit den Zähnen zu klappern.

»Marc?«, rief sie unsicher, als sie ihn nicht entdecken konnte. »Marc, bist du da?« Sie schaute in alle Winkel des Heubodens, konnte ihn aber nicht finden. War das nun doch schon das Ende des Traums? Hatte er gespürt, dass sie von Tuten und Blasen keine Ahnung hatte? Vor allem vom Blasen nicht? Sie war kurz davor in Tränen auszubrechen, als sie ganz leise zwei Gläser aneinander klingen hörte. Und dann schon wieder. Sie folgte dem Geräusch, bis es ein wenig lauter wurde und sie eine Tür sah, die nur angelehnt war. Es drang ein schwaches Licht heraus, das sich bewegte. Vorsichtig schob sie die Tür auf und stand in einem von Kerzen erleuchteten Raum, in dessen Mitte ein Bett aus Stroh stand. Mit weißen

Laken bezogen. Wie in einem Märchen sah es aus. Aus diesem Zimmer führte eine weitere Tür nach draußen. Und als sie diese durchschritten hatte, war ihr Prinz plötzlich wieder da. Mit zwei Gläsern Champagner in der Hand stand er auf einem Balkon, von dem aus man über den ganzen Wald, bis zu den Lichtern der Stadt blicken konnte.

»Mein Gott, ist das romantisch«, staunte Hermine und fühlte sich plötzlich wie eine Prinzessin.

»Genau so, wie du es verdient hast«, antwortete Marc und brachte damit Hermine endgültig um ihren Verstand. Die beiden kamen nicht mehr dazu, sich ihrem Champagner zu widmen. Sie blickten sich tief in die Augen, Marc stellte die Gläser auf die Brüstung des Balkons und trug Hermine, wie ein Bräutigam seine Braut nach der Hochzeit, über die Schwelle. Und dieses Mal bekam sie alles mit. Obwohl sie eigentlich schon viel zu viel getrunken hatte, hatten ihre Glückshormone den Alkohol aus ihrer Blutbahn gespült und sie war wie elektrisiert. Marc legte sie auf das wunderschöne Bett aus Stroh und beugte sich über sie. Er küsste sie sanft auf die Lippen und Hermine dachte, sie hätte einen ganzen Rangierbahnhof in ihrem Magen, wo gerade alle Züge umgeparkt werden mussten. So ein Kribbeln hatte sie noch nie gespürt. Marc fing langsam an ihre Bluse aufzuknöpfen und Hermine suchte instinktiv nach dem Lichtschalter. Sie

hatte sich definitiv nicht auf eine Nacktszene vor-
bereitet. Sie war doch viel zu dick dafür.

»Was ist denn los?«, wollte Marc wissen, dem
natürlich gleich aufgefallen war, dass Hermine sich
irgendwie unwohl fühlte.

»Ich such den Lichtschalter«, sagte sie und beschloss umgehend ihre Angst vor dem Nacktsein in
einem Späßchen auf ihre Kosten aufzulösen. »Ich will
ja nicht, dass du gleich wegläufst, wenn du mich nackt
siehst. Oder vielleicht noch Greenpeace anrufst, dass
sie den Wal wieder zurück ins Meer schaffen.«

»Du bist wunderschön«, hauchte Marc in ihr Ohr
und hörte sich dabei an, als ob es daran nicht den
geringsten Zweifel geben konnte. »Jedes Gramm ist
bei dir an der richtigen Stelle. Du brauchst dich nicht
zu verstecken. Ich warte schon so lange auf diesen
Moment. Seit ich dich das erste Mal im Café getroffen
habe. Und außerdem haben Kerzenleuchter zum
Glück keinen Lichtschalter.«

Marc lächelte sie an und fuhr ganz langsam damit
fort, ihre Bluse aufzuknöpfen. Er küsste ihren ganzen
Oberkörper, spielte sanft mit seiner Zunge an ihren
Brüsten und drang vorsichtig in ihre Lendengegend
vor. Behutsam zog er ihr nacheinander jedes
Kleidungsstück aus. Instinktiv und auch ein kleines
bisschen, weil Chantal ihr das ja schließlich auch ge-
raten hatte, tat sie es ihm gleich. Sie war wieder auf-
gestanden und stand ihm nun splitternackt gegen-

über. Wenn ihr das jemand noch an diesem Morgen erzählt hätte, hätte sie ihn wohl für verrückt erklärt. Sie zitterte am ganzen Körper und hatte größte Mühe die Knöpfe seines Hemdes durch die Löcher zu schieben. Doch auch er schien es zu genießen und langsam aber sicher konnte Hermine ihre Unsicherheit ein wenig abschütteln. Für sie war bisher alles Theorie gewesen. Doch in der Theorie war sie unschlagbar und so fing sie jetzt einfach an das zu tun, was sie schon unzählige Male in ihren Träumen durchlebt hatte. Nachdem sie sein Hemd abgestreift hatte, drückte sie ihn kräftig nach hinten, sodass er rückwärts aufs Bett fiel. Sie zog ihm schon fast selbstsicher die Hose aus und wollte sich gerade intensiv um Marcs kleinen Freund kümmern, als dieser sie sofort und ohne Vorwarnung anspuckte. Sie bekam die volle Ladung mitten ins Gesicht und war im ersten Moment furchtbar erschrocken. Im zweiten Moment bescherte es ihr ein Lächeln.

»Scheiße, tut mir leid«, rief Marc genauso erschrocken wie verlegen und wollte anfangen, sich zu rechtfertigen. »Das passiert manchmal, ich weiß....«, weiter kam er gar nicht, bevor Hermine ihm den Finger auf den Mund legte. Marc konnte das natürlich nicht wissen, aber das war genau die Situation, die Hermine nötig hatte, um unbeschwert an die Sache ranzugehen. Auch Superman hatte einen Makel und mit diesem Wissen stand nun der Nacht der Nächte absolut gar nichts mehr im Wege. Es dauerte nicht lange, bis Hermine dafür gesorgt hatte, dass die Ausgangssituation wieder hergestellt und der kleine Marc wieder voll einsatzfähig war. Was dann folgte, war besser als jeder feuchte Traum, in dem Hermine bisher ihre Fantasien ausgelebt hatte. Nachdem Marc seine Anlaufschwierigkeiten überwunden hatte, konnte er seine ganze Erfahrung ausspielen. Auch wenn sich Hermine sicher war, dass sie nicht die erste hier in der Mühle für ihn war, weil er jeden Winkel des Fachwerks so gut kannte, um selbst die Balken als Auflagefläche für ihr Liebesspiel einzusetzen, überflutete sie ein Regen an Wollust, wie sie es niemals für möglich gehalten hatte. Jahrelang hatte sie sich tapfer eingeredet, dass die Sache mit dem Sex sicherlich völlig überbewertet sei. Aber das war sie nicht. Und sie wusste, dass sie ab diesem Moment einiges aufzuholen hatte. Sie überraschte sich selbst damit, wie offen und vor allem wie laut sie ihre Gefühle ausleben konnte. Und das gleich beim ersten Mal. Demnächst würde man Schallschutzwände um sie herum errichten müssen. Zumindest klang es für sie so, weil sie sich selbst ja noch nie in so einer Situation erlebt hatte. Und schon gar nicht hatte sie sich in so einer Situation gehört. Doch ganz verschont blieb auch sie nicht von einem kleinen Missgeschick, das ziemlich schmerzhaft für Marc gewesen sein musste. Auch wenn er es natürlich nicht zugegeben hatte.

Als er auf ihr lag und sie gerade das Gefühl und die Hoffnung überkommen hatte, vielleicht sogar noch ein zweites Mal zum Höhepunkt zu kommen, ging es mit ihr durch. Was sie als nächstes getan hatte, passierte aus purem Instinkt. Nichts daran war durchdacht oder überlegt. Sie wollte Marc auf den Rücken drehen, um sich auf ihn setzen zu können. Dabei warf sie ihn aber leider aus dem Bett und er schlug ziemlich hart auf dem Holzboden auf, weil Hermine keinerlei Übung darin hatte, die Größe ihrer Liebesinsel abzuschätzen. Was vielleicht nicht einmal so schlimm gewesen wäre, wenn Hermine nicht mit voller Wucht auf ihn gefallen wäre. Doch ihr Held verzog nur kurz das Gesicht und zog sie in die richtige Position.

»Du gehst aber ran, meine Liebe«, stöhnte Marc. »So hätte ich dich gar nicht eingeschätzt.«

»Ich mich auch nicht«, antwortete Hermine und setzte zu ihrem ganz persönlichen Endspurt und zum absoluten Höhepunkt ihres bisherigen Daseins an. Dieser zweite Orgasmus ihres Lebens, für den sie nicht selbst verantwortlich war, fuhr ihr in jeden Winkel ihres Körpers. Sie hatte das Gefühl, dass sogar ihre Haarspitzen und Zehennägel vibrieren würden. Immer wieder zuckte ihr Körper, als würden kleine Stromstöße hindurchgeleitet werden. Aber es waren Stromstöße, die schöner nicht hätten sein können. Während sie ganz langsam ihren Körper auf seinen absenkte, ließ jeder Zentimeter Bewegung neues Kribbeln in ihr aufsteigen. Sie lag auf Marc, hatte dabei zum ersten Mal das Gefühl, wie schön es war, wenn Haut auf Haut ruhte, und als ob alles nicht schon wundervoll genug gewesen wäre, bescherte er ihr durch das Streicheln ihres Rückens das Gefühl von warmem Sommerregen. Seine Finger erreichten kaum ihre Haut und doch schien jedes ihrer Härchen danach zu lechzen von ihm berührt zu werden. Wenn sie gekonnt hätte, wäre sie ewig so liegen geblieben. Und als sie ihren Kopf auf die andere Seite gedreht hatte, war es, als würden die Sterne ihr durch das offene Fenster zuzwinkern, um ihr zu diesem grandiosen Erlebnis zu gratulieren. Hermine war glücklich und hätte den Moment am liebsten für alle Ewigkeit festgehalten. Der kühle Lufthauch, der von draußen über ihren verschwitzten Rücken strich, fühlte sich in diesem Augenblick so anders an. Als wäre sie durch dieses Erlebnis plötzlich in eine andere Welt, mit ganz anderer Wahrnehmung, katapultiert worden. Alles war viel intensiver, viel aufregender. Alles war endlich so, wie es schon so lange hätte sein sollen.

Kapitel 13

Am nächsten Morgen machte Chantal vor der Arbeit noch schnell einen Abstecher in Hermines Buchhandlung. Außer einer kurzen, nichtssagenden SMS mitten in der Nacht, hatte sie noch kein Lebenszeichen von ihrer Freundin erhalten. Und der Anblick, der sich Chantal bot, hatte nicht das Geringste mit der Wirklichkeit zu tun. Hermine sah aus wie durch den Wolf gedreht. Sie hatte Augenringe, die so schwarz wie die Nacht waren und ihre Lider waren zu Sehschlitzen zusammengepresst.

»Gott, wie siehst du denn aus?«, fragte Chantal erschrocken und schlug die Hand vor den Mund.

»Ich hab die ganze Nacht kein Auge zugemacht«, antwortete Hermine.

»Ja, und weiter? Was ist passiert? Wie war die Nacht? Was hast du erlebt? Jetzt lass dir doch nicht alles aus der Nase ziehen.«

»Wenn du nicht die ganze Zeit fragen würdest, könnte ich mit dem Erzählen beginnen«, sagte Hermine und platzte dabei selbst fast vor Aufregung. Chantal erging es nicht besser und sie hielt sich demonstrativ mit beiden Händen den Mund zu. Sie konnte es kaum erwarten, endlich zu erfahren, warum ihre Freundin so beschissen ausgesehen hatte.

»Ich hab es getan!«, schrie Hermine und streckte die Faust in die Luft.

»Nein«, schrie Chantal zurück.

»Doch«, war die noch lautere Antwort von Hermine. Draußen blieben Passanten stehen und schüttelten ihre Köpfe, als sie zwei Frauen in der Buchhandlung fest umschlungen auf und ab hüpfen sahen. Hermine erzählte ihrer Freundin jede Einzelheit. Sogar von Marcs Missgeschick, das aber natürlich das Geheimnis der beiden bleiben sollte. Hermine erzählte so voller Hingabe, dass Chantal zu tun hatte, nicht auf der Stelle aufzustehen und über den nächstbesten Mann, der gerade im Vorbeilaufen seinen Kaffee schlürfte, herzufallen. Dabei vergaß sie einmal mehr die Zeit und wurde erst durch das Erscheinen von Hermines Mutter daran erinnert, dass sie auch noch arbeiten gehen sollte.

»Hast du heute frei?«, fragte sie.

»Was? Äh, nein. Wieso? Ist es denn schon so spät?«

»Halb elf«, sagte Hermine.

»Scheiße«, rief Chantal. »Ich muss weg.«

Sie stürmte gerade los, als sie in ihrer Bewegung noch einmal innehielt und sich umdrehte: »Und wann siehst du ihn wieder?«

»Leider erst am Samstag. Heute Abend ist er geschäftlich zu sehr eingebunden«, flüsterte Hermine, damit ihre Mutter nichts mitbekam. Chantal strahlte wie ein Honigkuchenpferd und reckte beide Daumen in die Höhe.

In der Redaktion gab Stella nach ihrem zweiwöchigen Praktikum schon wieder ihren Ausstand. Was für Praktikantinnen eher ungewöhnlich war. Normalerweise waren sie irgendwann einfach nicht mehr da und man merkte es erst, wenn keiner mehr den Kaffee freiwillig kochen wollte. Wahrscheinlich lag es auch nur daran, dass ihr Vater eben der Chef des Ladens war. Denn sie spendierte ein Mittagessen, das anmutete, als ob ein langjähriger Mitarbeiter in den wohlverdienten Ruhestand gehen würde. Alles, was das kalorienunbewusste Herz begehrte, war angerichtet. Und dann ausgerechnet noch von einer jungen Frau, die wahrscheinlich nicht einmal zunehmen würde, wenn sie sich drei Wochen lang nur von Eis und Schokolade ernähren würde. Anders war jedenfalls der makellose Körper von Stella nicht zu erklären. Vor allem nicht, nachdem Chantal beobachtet hatte, welche Mengen Stella von ihrem mitgebrachten Buffet in sich hineingeschoben hatte. Sie musste eine Verdauung, wie die Müllverbrennungsanlage einer Kleinstadt haben.

Komischerweise überkam Chantal bei der kleinen Abschiedsfeier ein bisschen Wehmut. Irgendwie hatte sie die kleine Stella in den zwei Wochen ihres Praktikums so in ihr Herz geschlossen, dass sie ihre neu gewonnene Freundin wohl ernsthaft vermissen würde. Und das, bei einem Start, der schlechter nicht hätte sein können.

»Auch wenn ich nicht damit gerechnet hätte, aber du wirst mir fehlen, Stella«, sagte Chantal und nahm sie in den Arm.

»Du mir auch«, antwortete Stella und bekam ganz wässrige Augen, als sie Chantal dabei ansah.

»Fang jetzt aber bitte nicht an zu weinen«, flehte Chantal. »Sonst muss ich bestimmt gleich mitheulen.«

»Ich gebe mir Mühe. Meinst du, wir sehen uns mal wieder? Das wäre echt schön.«

»Bestimmt. Zumindest, wenn ich noch in deinen Partykalender irgendwo dazwischen passe«, antwortete Chantal und musste dabei anfangen zu grinsen.

»Ganz bestimmt«, sagte Stella und strahlte über das ganze Gesicht. Die beiden tauschten noch die Adressen aus und Chantal konnte nicht anders, als Stella ein wenig von Hermines Verabredung mit Marc zu erzählen. Natürlich nur den jugendfreien Teil. Alles andere würde ihr Geheimnis bleiben. Stella war natürlich hin und weg. Sie wollte sofort ihr Handy zücken und die Neuigkeit auf Facebook posten. Aber Chantal hielt sie am Arm und schüttelte den Kopf.

»Nein Stella. Es gibt Dinge, die muss nicht jeder wissen. Du musst lernen manche Dinge auch für dich zu behalten und sie nur mit ganz besonderen Menschen zu teilen.«

»OK, du hast ja recht«, gab Stella zurück. »Ich glaube ich kann wirklich viel von dir lernen.«

Chantal wusste gar nicht, was sie sagen sollte. Das war ein Satz, mit dem sie niemals aus Stellas Mund gerechnet hätte. Vor allem, wenn man bedachte, wie die erste Begegnung ausgesehen hatte. Und auch die zweite war nicht viel besser gewesen. Da hatte sie noch gedacht, Stella wäre das personifizierte Ende ihrer Karriere. Und jetzt so was. Aber eines blieb trotzdem beim Alten. Und zwar das Verhältnis zu Lennart. Besser gesagt es hatte den Anschein, dass es am Ende von Stellas Praktikum wieder normal werden würde. Denn die letzte Woche war alles andere als normal gewesen, wenn man die Jahre zuvor als Vergleich heranzog.

»Nächste Woche ist Töchterchen wieder weg. Dann ist keiner mehr da, der auf dich aufpasst und aus dem Fettfass zieht, wenn du mal wieder mit Anlauf hineinspringst.«

»Was willst du mir denn damit sagen, Lennart?«

»Dass die Schonzeit vorbei ist. Jetzt weht wieder ein anderer Wind.«

»Das wird aber auch Zeit, mein Lieber«, entgegnete Chantal extrem selbstbewusst. »Ich dachte schon es bleibt so langweilig.«

Diese Antwort war zwar nicht wirklich ihrem inneren Empfinden entsprechend, aber der Gesichtsausdruck von Lennart dabei war unbezahlbar. Wirklich erschrocken war er nicht. Nein, er war viel besser als nur erschrocken. Er war in tiefstem Maße ungläubig. Lennart schaute wie jemand, der von seinem Gegenüber auf eine Art überrascht wurde, die ihn tief in seinem Inneren getroffen hatte. Er schien ernsthaft darüber nachzudenken und sie hätte wetten können, es wäre ihm viel lieber gewesen, wenn sie einfach drauf losgegiftet hätte. Aber den Gefallen tat sie ihm nicht. Chantal ließ ihn stehen und machte sich zufrieden auf den Weg ins Wochenende. Sie konnte die Blicke von ihm förmlich spüren, aber sie zwang sich dazu, einfach nur stur geradeaus zu laufen. Das war einer der wenigen Punktsiege gegen Lennart gewesen, die sie in den letzten Jahren hatte verbuchen können. Und den hatte sie, bis zu dem Moment, in dem sie einschlief, genossen.

Chantal war gerade dabei im Reich der Träume zum „most sexiest woman alive" zu avancieren, als sie durch verschiedene, gemeine Klingeltonvarianten gestört wurde. Irgendwie wollte ihr Geist aber nicht gleich wach werden und so kam es, dass sich alle

Augenpaare, die in ihrem Traum eigentlich auf sie gerichtet waren, plötzlich abwandten. Alle liefen einfach davon und die Umgebung verwandelte sich von der Glitzer- und Glamourwelt, in der sie gerade noch über den roten Teppich irgendeiner Preisverleihung flanierte, in den Pausenhof ihrer Schule. Dort liefen alle zurück in ihre Klassenzimmer und ließen Chantal alleine zurück. Sie konnte ja auch nicht weg, weil irgendein Arsch, der komischerweise als Jugendlicher dasselbe Gesicht wie der erwachsene Lennart hatte, sie an einem Baum mit ihren eigenen Schnürsenkeln festgebunden hatte. Sie war gerade am Verzweifeln, als das hartnäckige Klingeln ihres Handys und das Sturmklingeln an ihrer Haustüre sie endlich aus diesem Albtraum zurück in die Realität holten. Mit einem Blick auf den Wecker musste sie feststellen, dass es fünf Uhr morgens war. Wer um alles in der Welt klingelte um diese Uhrzeit wie bekloppt an ihrer Haustür. Und wer verdammt noch mal rief um dieselbe Zeit auch noch an. Auf dem Handy war der Name Stella zu lesen.

»Stella? Was willst du denn um diese Uhrzeit?«, nuschelte Chantal schwer verständlich und völlig schlaftrunken in ihr Mobiltelefon.

»Mach bitte mal die Tür auf. Ich muss dringend mit dir reden«, haspelte Stella aufgeregt und atmete dabei so schnell, dass Chantal befürchtet hatte, ihre junge Freundin stünde kurz vor einem Herzinfarkt.

»Was? Äh ja, Moment. Du stehst mit dem Handy vor der Haustür?« Chantal fragte sich, ob das immer noch ein Traum war und schlurfte an die Sprechanlage.

»Ja. Bitte mach auf. Es ist wichtig«, hörte Chantal sie plötzlich in Stereo, weil sie jetzt neben dem Handy auch noch den Hörer der Gegensprechanlage in der Hand hatte. Zwecks kurzfristiger Überforderung und fehlender dritter Hand betätigte sie den Türöffner mit der Stirn. Die Tür im Treppenhaus flog auf und ein Paar hochhackige Schuhe, in denen Stella steckte, rannten lautstark die Treppe hoch. Die fiel sofort Chantal um den Hals und konnte vor Aufregung erstmal keinen vernünftigen Satz formulieren.

»Jetzt beruhige dich doch erstmal und setz dich hin«, versuchte sie Stella zu beruhigen. Sie stammelte irgendetwas von KLUB und Marc, aber Chantal konnte keinen Zusammenhang erkennen. Stella atmete ein paar Mal tief durch und fing wieder von ganz vorne an, ihre Geschichte zu erzählen.

»Du glaubst nicht, was gerade im KLUB los war.....«

Kapitel 14

Stella war so aufgeregt, dass sie dauernd von einem Bein auf das andere trat.

»Musst du aufs Klo?«, fragte Chantal und hielt Stella an beiden Armen fest. Das ständige hin und her Gezappel machte sie ganz nervös. Vor allem um diese Uhrzeit.

»Was? Nein«, antwortete Stella. »Ich bin so durcheinander.«

Chantal zog Stella zu ihrer Couch, auf die sie sich einfach fallen ließ. Sie hatte das Gefühl, es könnte länger dauern und es war definitiv nicht drin, früh morgens so lange zu stehen.

»Jetzt setz dich mal hin und fang ganz von vorne an. Was ist denn jetzt im KLUB passiert?«

»Also. Am Anfang war eigentlich alles wie immer. Die Stimmung war super, wir haben getanzt und gefeiert. Irgendwann sind wir dann kurz in den Vorraum, da wo wir uns auch das letzte Mal getroffen haben.« Chantal nickte und hoffte auf eine unmittelbare Spannungssteigerung in Stellas Geschichte. Sie kämpfte eisern mit der Müdigkeit, konnte aber nicht garantieren wach zu bleiben, wenn jetzt nicht bald irgendetwas Interessantes kommen würde. »In dem

Moment ist mir das noch gar nicht so seltsam vorgekommen. Aber im Nachhinein weiß ich jetzt, warum mir die Typen, die mitten in der Nacht zu Marcs Büro hoch sind, nicht ganz geheuer waren.«

Chantal hatte eigentlich überhaupt keine Lust gehabt sich um diese Uhrzeit irgendwelche Teenagergeschichten anzuhören, aber diese verdammte Göre hatte es jetzt doch geschafft, ihr Interesse zu wecken. So wie sie immer schaffte, was sie wollte. Auch wenn Stella das scheinbar nicht einmal bewusst war.

»Jetzt mach es doch nicht so spannend«, drängte Chantal. »Was waren das jetzt für Typen.«

»Genau weiß ich das nicht. Aber sie trugen alle schwarze Anzüge und hatten dunkle Sonnenbrillen im Gesicht. Ziemlich ungewöhnlich für diese Uhrzeit. Na ja, auf jeden Fall sind die zu Marc hoch und dann ist eine Weile gar nichts passiert.« Stella machte eine bedeutungsvolle Pause.

»Jetzt lass mal das mit dem Nichts und komm zu der Stelle, an der dann was passiert ist.«

»Etwa eine Stunde später war ich auf der Toilette. Als ich gerade wieder zur Tanzfläche laufen wollte, stürmte plötzlich das SEK in den KLUB. Alle waren völlig vermummt und pechschwarz angezogen. Es ist eine wahnsinnige Hektik ausgebrochen und ich war zum Glück bei den ersten dabei, die aus der Disco raus konnten. Ich bin sofort ins Freie gerannt und habe in sicherem Abstand gewartet, um zu sehen was passiert.«

»Und? Was ist dann passiert?«, fragte Chantal, die mittlerweile hellwach war. Plötzlich schossen ihr die ganzen Gerüchte wieder in den Kopf, die sie über Marc gelesen und gehört hatte. Aber anstatt weiter zu reden, holte Stella ihr Handy raus und zeigte Chantal ein kleines Video. Auf dem war der Eingang des Klubs zu sehen. Eine ganze Menschentraube hatte sich auf dem Vorplatz versammelt, als die Männer in Schwarz wieder ins Freie traten. Sie führten Männer in schwarzen Anzügen ab. Und den letzten kannte Chantal.

»Marc«, rief sie aus und schlug ihre Hand bestürzt vor den Mund. »Das gibt's doch nicht. Dann hat also doch alles gestimmt.«

»Ist das nicht furchtbar?«, fragte Stella.

»Ganz furchtbar«, bestätigte Chantal.

»Ich weiß überhaupt nicht, wo ich jetzt feiern soll«, jammerte Stella weiter und Chantal verdrehte die Augen. Viel schlimmer war die Tatsache, dass ihre Freundin Hermine sich in einen Verbrecher verliebt hatte. Der Mann, der ihre beste Freundin nach sechsunddreißig Jahren endlich entjungfert hatte, war ein Drogendealer. Aber das war nicht das einzige Problem. Chantal war inmitten von unzähligen Zwickmühlen. Und diese bestanden dieses Mal ausnahmsweise nicht aus zu engen Kleidungsstücken.

Zum einen tat ihr Hermine natürlich unendlich leid. Aber sie war ja auch Journalistin. Sie hatte die Story des Jahres vor der Nase und wusste nicht, was sie damit machen sollte. Wenn sie den Artikel schreiben würde, konnte sie ihrer Freundin nicht mehr unter die Augen treten. Ihr Kollege hatte bei den Nachfragen zu Marc einen sehr merkwürdigen Eindruck gemacht. So, als wüsste er mehr, als er zugeben wollte. Sollte sie mit der Nachricht vielleicht zu ihm gehen? Sollte sie zuerst ihrer Freundin Bescheid sagen, damit sie es nicht aus der Presse erfahren musste? Gab es einen anderen Kollegen, dem sie die Story des Jahres gönnen wollte?

»Verdammte Scheiße, ist das alles kompliziert«, brummelte Chantal.

»Da sagst du was«, kommentierte Stella Chantals Aussage, was dieser wieder einmal einen fragenden Blick entlockte. Doch Stella ließ sie nicht lange im Ungewissen. »Jetzt müssen wir auch noch am Wochenende in eine andere Stadt fahren, wenn wir weggehen wollen. Bis das alles immer organisiert ist.« Stella schüttelte den Kopf und Chantal hatte wirklich den Eindruck, die Welt ihrer Freundin bestand ausschließlich aus feiern, feiern und noch mal feiern.

»Mensch Stella. Es gibt wichtigere Dinge als dein Vergnügen am Wochenende«, sagte Chantal etwas ruppiger, als sie wollte. Stella schaute Chantal nur an und antwortete nicht. Ihre Lippen fingen an zu beben und das Wasser sammelte sich in ihren Augen, um gleichzeitig mit einem kräftigen Schluchzen die Wangen hinunterzustürzen.

»Ich mach immer alles falsch«, heulte Stella und putze ihre Nase dabei unbeabsichtigt an Chantals Nachthemd. Als ob sie schon nicht genug Probleme hätte, musste sie sich jetzt auch noch um die Identitätskrise einer viel zu gut aussehenden, viel zu schlanken und viel zu reichen verwöhnten Göre kümmern.

»Oh Mann«, flüsterte Chantal und legte ihre Arme um Stella. »Was hab ich nur verbrochen.«

Während die beiden eine Weile so dasaßen, versuchte Chantal einen Plan zu schmieden, wie sie doch noch etwas von der Story haben könnte, ohne sie selbst zu schreiben. Doch so sehr sie sich auch anstrengte, ihr fiel nichts Besseres ein, als zu Lennart zu gehen. Sie schleppte ihre junge Freundin einfach mit, da sie diese unmöglich alleine lassen konnte, nachdem ihr die Wochenendbeschäftigung ohne Vorwarnung weggebrochen war.

Chantal versuchte mehrfach ihren Kollegen auf dem Handy zu erreichen, während sie auf dem Weg zu ihm waren. Doch entweder war es aus oder er wollte es einfach nicht hören. Am Haus von Lennart angekommen, konnte sie sehen, warum er nicht geantwortet hatte. Auch bei ihm stand die Polizei vor der Tür. Chantal stieg aus dem Auto und lief auf den von Polizisten bewachten Hauseingang zu.

»Was ist denn hier los?«, rief Chantal dem Beamten entgegen, der auf der Straße stand.

»Polizeieinsatz. Bitte gehen sie weiter.«

»Aber«, setze Chantal an und stockte, als sie sah, dass Lennart in Handschellen aus dem Haus geführt wurde. »Lennart, was...?«

»Chantal«, rief er ihr entgegen. »Du musst mir helfen. Ich hab wirklich nichts gemacht. Ich war nur zur falschen Zeit am falschen Ort.« Weiter kam er nicht. Die Polizisten schoben ihn auf den Rücksitz des Wagens und Chantal konnte ihm nur noch mit offenem Mund hinterher schauen.

»Scheiße«, fluchte sie. »Was ist das denn jetzt?«

Stella verzichtete auf einen Kommentar und stand einfach daneben und wartete ab. Chantal zermarterte sich das Hirn und versuchte sich für einen Moment nur als Journalistin auf diese Story zu konzentrieren. Ihrer Freundin würde sie später alles erzählen. Und je intensiver sie darüber nachgedacht hatte, desto mehr war ihr klar geworden, dass es nur eine Lösung geben konnte.

»Stella, dein Praktikum geht doch offiziell genau zwei Wochen, oder?«

»Ja, so steht es zumindest im Vertrag.«

»Was? Dein Vater hat dir einen Vertrag gegeben?«

»Klar, der macht für alles Verträge.«

»Egal. Dann bist du ja eigentlich am Wochenende auch noch Praktikantin.«

»Wenn du das so siehst. Ja, das bin ich wohl.«

»Dann gehen wir jetzt zu deinem Vater und erklären ihm in einer Kurzfassung, was passiert ist und du schreibst den Artikel. Sozusagen als Abschlussarbeit und Empfehlung für alles was kommt.«

»Echt? Ich meine, willst du ihn nicht selbst schreiben? Das ist doch die Story des Jahres.«

»Mag schon sein. Aber erstens kann ich das nicht, weil sich Hermine in diesen Mann verliebt hat und ich wohl das ganze Wochenende damit beschäftigt sein werde sie zu trösten. Und zweitens warst du ja schließlich live dabei. Dann hast du es auch verdient, diese Story mitzunehmen.«

»Du bist die beste Freundin, die man sich vorstellen kann«, jubelte Stelle und fiel Chantal um den Hals.

»Jetzt übertreib mal nicht«, wiegelte Chantal ab. »So lange kennst du mich doch noch gar nicht.«

»Das macht bei dir aber nichts«, antwortete Stella. »Bei dir sieht man gleich, dass du ein riesengroßes Herz hast. Man muss dich einfach lieb haben.«

Chantal konnte sich nur bedingt über dieses tolle Kompliment freuen. Außerdem bezog sie „groß“ in diesem Fall nicht nur symbolisch als beschreibendes Zeichen für ihre Güte, sondern irgendwie auch als Beschreibung ihrer Körperfülle. Auch wenn sie genau wusste, dass Stella diesen Gedanken natürlich niemals im Hinterkopf gehabt hatte. Je mehr sie sich Stella näherte und je fester die Freundschaft zwischen den beiden wurde, desto mehr hatte sie mit ihrem Gewissen zu kämpfen. Es war ja nicht die feine englische Art gewesen, wie sie Stella als Vertraute gewonnen hatte. Aber dieser war sicherlich der falsche Augenblick, ihre Sünden zu beichten und Chantal nahm sich vor, erst später irgendwann für die Erleichterung ihres Gewissens zu sorgen. Wahrscheinlich eher viel später bis fast gar nicht. Denn was sollte sie schon davon haben, in diesem Moment ehrlich zu sein. Erstens würde alles kompliziert werden und zweitens würde für Stella wieder eine Welt zusammenbrechen. Erst der KLUB, dann die Freundschaft zu ihrer dicken Freundin. Nein, das konnte Chantal ihr nicht antun. Und durch diesen Gedanken konnte sie das Verschweigen der Wahrheit in diesem Fall wenigstens zum Teil als nicht ausschließlich egoistisch vor sich selbst rechtfertigen.

»Komm, wir müssen los«, sagte sie zu Stella und machte sich mit ihr auf den Weg zu ihrem Vater.

Kapitel 15

Nachdem Chantal Stella völlig übermüdet zu Hause abgegeben hatte und sich auch noch einmal von ihrem Vater anhören durfte, was für ein außergewöhnlich selbstloser Mensch sie doch wäre, weil sie freiwillig auf die Story des Jahres verzichtet hatte, machte sie sich mit einem mulmigen Gefühl im Magen auf den Weg zu Hermine. Zumindest war nach dem Besuch bei ihrem Chef definitiv die peinliche Situation in der Redaktion vergessen. Und da er jetzt wusste, dass der feine Lennart heute Morgen auch noch abgeführt wurde, spekulierte sie schon fast ein bisschen mit dem Teamleiterposten. Dabei fielen ihr plötzlich Lennarts Worte wieder ein, die er gesagt hatte, als er abgeführt wurde. Er wäre nur zur falschen Zeit am falschen Ort gewesen. War das nur ein verzweifelter Versuch gewesen, bei den Beamten den Eindruck der Unschuld zu vermitteln? Oder war da vielleicht sogar wirklich was dran? Sie wusste überhaupt nicht, was sie glauben sollte. Aber egal wie es war, jetzt musste er erst einmal warten. Sie wollte ihre Freundin informieren, bevor die Polizeiaktion durch dir lokalen Radiosender gehen würde.

Hermine bot Chantal das gleiche Bild, das diese ein paar Stunden zuvor Stella geboten hatte. Sie war alles andere als wach, als Chantal zu ihr in die kleine Wohnung im Elternhaus kam. Die Haare standen in alle Richtungen und der Abdruck des zerknautschten Kissens war noch auf ihrer Wange zu sehen.

»Warum bist um diese Zeit schon wach?«, fragte Hermine und schlurfte in die Küche um den Knopf ihrer Senseo-Kaffeemaschine zu drücken.

»Ich muss dir was erzählen«, antwortete Chantal und wusste gar nicht, wie sie anfangen sollte.

»Und das hätte nicht noch ne Stunde warten können?«, wollte Hermine wissen und gähnte ausgiebig mit geschlossenen Augen.

»Nein, hätte es nicht.«

»Dann schieß mal los«, sagte Hermine und versuchte angestrengt am Küchentisch nicht wieder einzuschlafen. Sie stützte ihren Kopf mit beiden Händen und hätte schwören können, dass der gestern noch deutlich leichter gewesen war. Morgens hatte sie meistens das dumme Gefühl, dass irgendetwas an ihr am Vortag noch leichter gewesen wäre. Aber das war meistens nicht der Kopf.

»Marc wurde verhaftet«, platzte es einfach so aus Chantal heraus. Da sie dabei einen sehr ernsten Eindruck gemacht hatte, wusste Hermine auch, dass ihre Freundin keinen schlechten Scherz machte. Sie war sofort hellwach und tausend Fragen schossen ihr durch den Kopf.

»Woher weißt du das?«, war die erste, die den Weg über ihrer Lippen geschafft hatte.

»Stella war dabei, als es passiert ist«, antwortete Chantal und erzählte ihrer Freundin alles, was sie wusste. So schmerzlich es auch war, bei ihrer Freundin eine Träne nach der anderen die Wange herunterlaufen zu sehen, so froh war sie aber auch, dass sie es vor den Nachrichten geschafft hatte, sie zu informieren. Hermine schien wirklich sehr zu leiden. Was ja auch kein Wunder war, wenn einem nach sechsunddreißig Jahren der erste Lover direkt vor der Nase und nach nur einer umwerfenden Nacht wegverhaftet wurde. Oder vielmehr vor der Nase der Kollegin der besten Freundin.

»Warum muss so etwas immer mir passieren«, schluchzte Hermine in ihr mittlerweile ziemlich durchgeweichtes Taschentuch und schüttelte an einer Tour den Kopf.

»Jetzt übertreib mal nicht. So etwas ist dir garantiert noch nie passiert«, korrigierte Chantal ihre Freundin und merkte im selben Moment, dass sie diese Bemerkung besser für sich behalten hätte. Denn gleich darauf fing Hermine noch viel lauter an zu heulen und zu schluchzen.

»Tut mir leid«, sagte Chantal. »Das war nicht so gemeint. Ich kann mir vorstellen, wie schwer das für dich ist.«

»Glaub ich nicht«, jammerte Hermine zurück. Diese wusste aber auch nicht, dass es schon die ganze Zeit in Chantal gefühlsmäßig wie bei einer Achterbahnfahrt auf und ab ging, weil sie nicht wusste, was die Aktion mit Lennart auf sich hatte. Sie versuchte sich die wildesten Geschichten zusammenzureimen, aber nichts passte wirklich ins Bild. Sie würde wohl nicht drum herum kommen, ihn im Gefängnis zu besuchen, wenn sie Genaueres wissen wollte. Und das wollte sie. Auch wenn sie sich andererseits darüber ärgerte, dass sie sich überhaupt soviel Gedanken um diesen Arsch machte. Seit sie das Gefühl hatte, er hätte manchmal über seine Sprüche nachgedacht, schaffte sie es überhaupt nicht mehr den Gedanken zu verdrängen, dass sie einfach hoffnungslos in diesen arroganten Schnösel verliebt war.

»Was soll ich denn jetzt nur machen?«, heulte Hermine hoffnungslos vor sich hin. »Ich hab mit sechsunddreißig Jahren endlich das erste Mal Sex gehabt und jetzt verhaften die mir meinen Traummann. Einfach so. So eine verdammte Scheiße.«

»Vielleicht war ja alles nur ein dummer Irrtum«, versuchte Chantal ihre Freundin ein wenig zu beruhigen. Und sich selbst natürlich auch. Wenn es denn wirklich so wäre, dann stünden die Chancen nämlich nicht schlecht, dass auch Lennart tatsächlich nur zur falschen Zeit am falschen Ort gewesen war. Doch als die Freundinnen kurze Zeit später das Radio eingeschaltet hatten, kam es noch viel schlimmer als erwartet. Zumindest für Hermine.

»Wir unterbrechen unser Programm für die Nachricht des Tages«, verkündete eine Stimme im Radio auf äußerst dramatische Art und Weise. »In den frühen Morgenstunden führte die Polizei nach monatelanger Observierungsphase eine Razzia in der Diskothek „KLUB" durch. Seit Längerem steht der Besitzer Marc S. unter dringendem Verdacht, die lokale Drogenszene zu kontrollieren.« Hermine und Chantal klebten hoch konzentriert mit ihren Ohren am Radio, um auch ja nichts zu verpassen. »Inmitten des ganz normalen Discobetriebs waren Marc S. und seine Komplizen gerade dabei, einen Megadeal abzuwickeln. Sie wollten im Schutz der Öffentlichkeit eine bisher nicht näher bezifferte, aber den Aussagen des Polizeisprechers nach zu urteilen, sehr große Menge Extasy unter das Volk bringen. Die Polizei konnte mehrere Personen festnehmen, nachdem sie diese auf frischer Tat, inklusiver der Drogen, ertappt hatten. Dabei hatte es in jüngster Vergangenheit noch so ausgesehen, als habe sich der Leiter der SOKO-Drogenkriminalität in eine falsche Richtung verrannt. Viel zu glaubwürdig führte Marc S. sein Leben, neben der offiziellen Tätigkeit als Discobesitzer, in familiärer

Idylle. Er wohnte bislang mit seiner Frau und seinen drei Kindern in einer Villa außerhalb der Stadt ...«. Alles, was danach kam, konnten Hermines Ohren nicht mehr aufnehmen.

»Hast du das gerade auch gehört?« wollte sie noch einmal zur Sicherheit von ihrer Freundin wissen. Hermine sah diese an, in der Hoffnung doch noch irgendwie ein Kopfschütteln als Antwort zu bekommen. Aber es kam nicht. Stattdessen sah sie nur Chantals mitleidigen Blick, bevor sie in den Arm genommen wurde.

»Dieses Arschloch«, fluchte Hermine in die mittlerweile schon ziemlich feuchte Schulter von Chantal. »Dieses riesengroße Arschloch. Und mir hat er noch erzählt, er hätte bisher keine Zeit gehabt, um sich mit einer Frau so richtig einzulassen. Warum muss so etwas immer mir passieren?«

Chantal wollte schon zu einer Antwort ansetzten, aber dieses Mal bekam sie rechtzeitig die Kurve und verzichtete darauf, ihre Freundin zu verbessern. Chantal wusste nicht mehr, wie lange sie Hermine noch im Arm gehabt hatte, bevor diese sie mit ihrer nächsten Äußerung komplett überrascht hatte.

»Wenigstens war er eine Granate im Bett, wenn er als Mensch schon ein Arschloch ist.«

Chantal war zu überrascht, um gleich zu antworten. Eigentlich war sie davon ausgegangen, dass ihre Freundin nun in tiefste Depressionen verfallen würde. Sie hatte sich schon mental auf eine ziemlich anstrengende, und von unendlich vielen Gesprächen zur Trauerbewältigung dominierten Zeit eingestellt. Und was macht Hermine stattdessen? Sie sieht das Positive daran und freut sich, dass dieser Penner wenigstens fähig war, ihr erstes Mal zu einem unvergesslichen Erlebnis gemacht zu haben.

»Aber wenn ich ehrlich bin, hab ich mich schon ein bisschen in ihn verliebt«, fügte Hermine noch hinzu und relativierte damit Chantals Weltbild wieder ein wenig.

»Irgendwie scheinen wir kein Glück zu haben«, antwortete Chantal wehmütig und dachte dabei an ihre heimliche Liebe zu Lennart, die sie schon eine ganze Zeit lang gelähmt hatte, was ihre sexuellen Bedürfnisse anging. Zumindest war ihr das in den letzten Tagen klar geworden. Wahrscheinlich hatte sie deshalb schon ewig keinen Sex mehr gehabt. Vielleicht strahlte sie ja kilometerweit gegen den Wind aus, dass sie eigentlich in einen anderen verliebt war, wenn sie mit einem fremden Mann ins Gespräch kam. Andererseits ist es doch aber den Kerlen eigentlich scheißegal, ob man in einen anderen verliebt ist, wenn die ihre Chance wittern, ihren kleinen Freund in einer Frau zu verstecken. Alles war einfach viel zu kompliziert und widersprüchlich. Und da hieß es immer, vor allem die Pubertät wäre schwierig im

Leben einer Frau. So ein Schwachsinn. Später wurde es ja auch nicht besser.

»Ja«, sagte Hermine. »Dein Lennart ist ja auch nicht besser.«

Chantal wollte schon Luft holen, um einen verzweifelten Versuch zu starten, die Liebe zu Lennart abzustreiten. Aber das hatte ja eh keinen Sinn. Scheinbar stand es ja irgendwo auf riesigen Plakaten und jeder musste nur die Augen aufmachen, um zu lesen, wie es mit Chantals Liebesleben bestellt war.

Irgendwann kam Hermine eine Idee. Und zwar eine von der Sorte, die bisher immer von Chantal gekommen und von Hermine grundsätzlich abgelehnt worden waren.

»Wir brauchen eine Auszeit«, verkündete sie. »Lass uns nach Malle fliegen. Oder sonst irgendwohin, wo wir auf andere Gedanken kommen.«

»Sag das noch einmal«, forderte Chantal ihre Freundin auf, weil sie der Überzeugung war, sich verhört haben zu müssen.

»Ich will in Urlaub. Ich muss mal abschalten.«

»Nein, das mein ich nicht. In Urlaub wolltest du ja schon ein paar Mal. Sag bitte noch einmal, wohin du in Urlaub willst.«

»Ja was weiß ich. Nach Malle, oder so. Irgendwohin wo´s eben richtig abgeht.«

Chantal sprang auf und riss ihre Freundin in die Höhe.

»Das gibt's doch gar nicht«, frohlockte sie. »Ich weiß ja nicht, was der Kerl mit dir gemacht hat, aber er hat es ziemlich gut gemacht. Der muss dir ja ordentlich das Hirn rausgevögelt haben, wenn du jetzt schon nach Malle willst. Du bist wohl auf den Geschmack gekommen, hä?«

»Mensch Chantal!«

»Was denn?«

»Deine Ausdrucksweise.«

»Mein Gott. Wer zum Vögeln nach Malle will, der braucht sich aber auch nicht wegen der Ausdrücke so anstellen.«

»Hab ich gesagt, dass ich wegen dem Sex dahin will?«

»Nein, aber eine Woche saufen wirst du ja auch nicht wollen. Dann liegt eben die Vermutung nahe, dass du das andere willst. Oder etwa nicht?«

Hermine schaute ihre Freundin eine ganze Weile kritisch an und dachte ernsthaft über diese Frage nach. Hermine war zumindest in ihren Gedanken noch so anständig, dass sie nicht zuerst an die Sache mit den Sexabenteuern auf Malle gedacht hatte. Aber jetzt, wo Chantal es angesprochen hatte, lag ihr der Gedanke gar nicht mehr so fern. Sie hatte tatsächlich Blut geleckt. Und sie wollte definitiv mehr. Wenn der reiche Supertyp sich nun eben als reiches Superarsch-loch entpuppt hatte, dann musste nun ein anderer herhalten.

»Also gut. Einigen wir uns darauf, dass wir feiern gehen, und wenn sich etwas ergibt, dann werde ich mich dieses Mal auch nicht dagegen wehren. Auch wenn die Messlatte was Männer angeht, seit Marc extrem hoch liegt.«

»Oh je«, antwortete Chantal. »Jetzt hast du einen gehabt und du sprichst von einer Messlatte? Du hast doch gar keinen Vergleich.«

»Doch«, entgegnete Hermine. »Das, was du mir bisher erzählt hast, kommt da eben bei Weitem nicht ran. Und deshalb liegt die Messlatte hoch. Basta.«

»Na super«, sagte Chantal. »Jetzt machst du mir auch noch meine Sexgeschichten mies.«

»Nein, mache ich nicht. Aber ich weiß jetzt eben, dass es besser geht. Das heißt ja nicht, dass man immer Mercedes fahren muss.«

»Jetzt hör mal auf anzugeben und kümmer dich lieber darum, dass du von deiner Mutter auch frei bekommst. Ich muss vorher aber noch dringend nach Lennart schauen. Wenn der länger im Knast bleiben muss, bekomm ich so schnell keinen Urlaub.«

»Stimmt. Das wäre doof.«

»Jetzt lass mich mal machen. Ich bekomm das schon hin. Wenn du einmal mit mir nach Malle willst, finde ich Mittel und Wege. Darauf kannst du dich verlassen.«

Kapitel 16

Chantal saß auf dem Polizeirevier und wartete darauf, dass sie endlich mit Lennart sprechen durfte. Zum einen war sie brennend daran interessiert, was er zu der ganzen Geschichte zu sagen hatte und ob er wirklich unschuldig war. Zum anderen wollte sie schleunigst mit ihrer Freundin nach Malle, bevor diese es sich wieder anders überlegen würde. Und da Hermine bis vor ein paar Tagen niemals freiwillig ins siebzehnte Bundesland der Deutschen geflogen wäre, wollte Chantal diese Chance auf keinen Fall versäumen. Leider musste sie dazu erst noch ihren Kollegen aus dem Knast holen, um Urlaub zu bekommen. Sie hatte zwar ganz vorsichtig beim Chef nachgefragt, aber der hatte natürlich gesagt, dass Urlaub in dieser Situation überhaupt nicht infrage käme. Es war einfach zum Kotzen. Eigentlich wollte sie ja am Liebsten seinen Job haben. Dann wollte sie aber noch viel lieber nach Malle. Und als Fernziel gab es ja noch die Hochzeit mit Lennart, von der dieser natürlich noch nicht einmal ansatzweise wusste. Aber wenn er verurteilt werden würde, müsste sie ja noch länger warten, als sie das eh schon getan hatte. Es war zum Mäusemelken. Chantal konnte es drehen und wenden, wie sie wollte. Es war immer Lennart, der bei ihr an erster Stelle stand. Aber eines schwor sie sich. Wenn sie es schaffte, ihn rauszuhauen und mit Hermine nach Malle zu fliegen, dann wollte sie sich dort erst noch einen knackigen Spanier schnappen, bevor sie sich auf eine Beziehung mit Lennart einlassen würde.

»Oh Mann, das hat ja gedauert«, sagte Chantal, als Lennart endlich zu ihr kommen konnte. Und das hatte auch nur geklappt, weil sie sich als seine Lebensgefährtin ausgegeben hatte. Und um ja keinen Zweifel aufkommen zu lassen, umarmte und küsste sie ihn zur Begrüßung innig. Bevor er sich beschweren konnte, flüsterte sie in sein Ohr: »Halt bloß die Klappe. Ich durfte nur zu dir, weil ich denen erzählt habe wir wären zusammen.«

»Was hast du?«, fragte er und wollte sie schon von sich weg drücken, als ihm einfiel, dass sie wohl wirklich seine einzige Rettung war. Chantal dagegen hatte den Moment genossen, in dem sie zum ersten Mal so etwas wie Macht über ihn hatte. Und ein Kuss ist auch noch dabei rausgesprungen. Nicht schlecht. Obwohl Lennart ja offensichtlich nicht wirklich begeistert davon war, musste es bei ihm wohl irgendein Reflex gewesen sein, der ihn dazu veranlasste sofort mitzuküssen, als ihre Lippen seine berührt hatten. Und dieser Reflex war nach Chantals Meinung ziemlich gut. Wenn er erstmal wissen würde, dass sie die richtige für ihn war, dann würde das sicher noch um Klassen besser werden. Was Chantal natürlich nicht wissen konnte, war, dass es Lennart tatsächlich gefallen hatte, sie zu küssen. Erklären konnte er es sich allerdings nicht. Und Zeit zum Nachdenken war auch nicht, denn es standen ja wichtige Dinge auf dem Spiel. Die Berufsehre von Lennart stand für Chantal dabei aber ganz hinten an.

»Jetzt schieß mal los«, forderte Chantal ihren angeblich zu unrecht verhafteten Kollegen auf. »Was wollen sie dir denn anhängen, das nicht stimmt?«

»Also«, fing Lennart an und war etwas zögerlich. »Zuerst muss ich sagen, dass ich Marc doch etwas besser kenne, als nur flüchtig. Marc und ich waren beim Studium in der gleichen Verbindung. Daher haben wir bis heute immer noch Kontakt und ich müsste lügen, wenn ich sagen würde, ich hätte es nicht genossen, ab und zu bei ihm auf wichtigen Partys dabei gewesen zu sein. Und da waren scheinbar auch öfter die Typen anwesend, die mit ihm zusammen im KLUB hochgenommen worden sind. Irgendwie haben sie das wohl geschafft einen Maulwurf einzuschleusen, der mit einer Minikamera immer wieder Fotos gemacht hat. Und da bin ich eben auch drauf.«

»Aber du hast natürlich mit dem ganzen Zeugs überhaupt nichts zu tun, oder?«, fragte Chantal und setzte dabei eine recht skeptische Miene auf.

»Chantal«, sagte Lennart schon fast flehend. »Ich schwöre dir, außer, dass ich ein paar Mal was von ihm genommen habe, hab ich nichts mit der Sache zu tun. Das musst du mir glauben.«

»Und warum sollte ich das?«

Nach dieser Frage hatte Lennart eine ganze Weile geschwiegen. Denn er hatte wirklich keine Ahnung, warum gerade Chantal ihm glauben sollte. So mies, wie er sie in den letzten Jahren behandelt hatte. Auch wenn Chantal in dieser Situation die Möglichkeit gehabt hätte, ihn einfach noch eine Weile zappeln zu lassen, schaffte sie es einfach nicht. Innerlich fluchte sie lauthals über ihre eigene Rückgratlosigkeit, konnte aber keine Sekunde länger warten, Lennart von seinen Qualen zu erlösen.

»Auch wenn ich dich eigentlich hier hängen lassen müsste, für all das was ich in den letzten Jahren mit dir mitgemacht habe, glaube ich dir blödsinnigerweise auch noch. Ich hoffe du weißt, dass du mir dafür ganz schön was schuldest.«

»Ich danke dir. Und ich wollte mich eh schon die ganze Zeit bei dir entschul ...«, wollte Lennart sagen, wurde aber von Chantal unterbrochen, indem sie beide Hände hob und ihm andeutete, dass er still sein sollte.

»Bitte nicht. Spar dir das für eine Situation auf, in der das auch glaubwürdig rüberkommt. Jetzt im Moment könnte ich ja meinen, du machst das nur, weil du mich gerade brauchst. Und wenn ich schon einmal im Leben eine Entschuldigung von dir bekomme, dann möchte ich wenigstens das Gefühl haben, dass du es ehrlich meinst.«

Lennart sagte nichts mehr dazu, sondern schaute verlegen auf den Boden.

»Ja und was ist jetzt?«, wollte Chantal endlich wissen. »Wie kann ich dir denn eigentlich helfen? Nur weil ich dir glaube, kommst du hier auch nicht raus.«

»Ich habe kein Alibi«, sagte Lennart.

»Kann dein sauberer Kumpel Marc der Polizei denn nicht sagen, dass du nichts mit der Sache zu tun hast?«

»Doch, kann er. Und das hat er auch schon.«

»Und wo ist dann das Problem?«

»Jeder sagt vom anderen, dass er nichts mit der Sache zu tun hat. Und deshalb glaubt die Polizei das bei mir genauso wenig wie bei denen.«

»Und warum machen die das?«

»Was weiß ich? Vielleicht, weil sie denken, wenn jeder den anderen entlastet, glaubt die Polizei am Ende, die Mainzelmännchen haben säckeweise Stoff in den KLUB getragen, ohne dass der Chef etwas davon mitbekommen hat.«

»Und was soll ich jetzt deiner Meinung nach tun?«

Lennart sah sie mit erwartungsvollen Augen an und langsam dämmerte es Chantal auf was das hier hinauslaufen würde.

»Oh nein«, sagte Chantal und schüttelte energisch den Kopf. »Ich mach doch keine Falschaussage. Erklär mir bitte, warum ich das gerade für dich machen sollte.«

»Das würde ich ja gerne, aber dann denkst du wieder, ich erfinde eine Geschichte, nur weil ich etwas von dir will. Und das mache ich nicht.«

War das jetzt wirklich ernst gemeint. Könnte es wirklich sein, dass Lennart darauf verzichtete ihr irgendein Märchen aufzutischen, um hier wieder rauszukommen? War es am Ende wirklich so, dass es einen Grund geben könnte, von dem Chantal noch nichts wusste? War sie ihrem Endziel vielleicht ein Stückchen näher gerückt und er hatte bei dem Kuss sogar etwas empfunden, das ihr entgangen war? Es machte sie fast wahnsinnig, dass sie es nicht schaffte, auch nur eine noch so kleine Möglichkeit, an ihn heranzukommen, auslassen konnte.

»Scheiße«, fluchte sie und wusste in diesem Moment, dass sie wieder einmal so doof sein würde, wie damals vor dem Tanzkurs. »Also gut. Hast du einen Plan?«

»Du wirst es nicht glauben, aber seitdem du mir gesagt hast, du hättest der Polizei erzählt wir wären zusammen, hab ich einen.«

»Und wie sieht der aus?«

»Wenn du denen erzählst, dass du nur kurz Zigaretten holen warst, als ich verhaftet wurde und vorher den ganzen Abend mit mir verbracht hast, bin ich aus dem Schneider.«

»Und was sag ich wegen Stella?«

»Die hast du an der Tanke getroffen und noch auf nen Kaffee mitgebracht. Die Jungen treffen sich doch immer nach dem Feiern noch dort.«

»Echt?«

»Also wenn ich hier raus bin, dann muss ich wohl ein bisschen mit dir auf Tour gehen, damit du mal siehst, wo wann was los ist.«

»Wenn du hier raus bist, dann nehme ich erst mal ein paar Tage frei, flieg nach Malle und lass mal so richtig die Sau raus.«

»Oh«, sagte Lennart und schaute etwas betreten auf die Seite.

»Was soll das denn jetzt wieder heißen? Wieso sagst du "Oh", wenn ich nach Malle fliegen will? Passt dir irgendwas daran nicht?«

»Quatsch, wie kommst du denn darauf?«

»Was weiß denn ich? Du bist in letzter Zeit eh ziemlich komisch mir gegenüber.«

»Blödsinn«, wiegelte Lennart ab und überspielte die Situation übertrieben cool.

»Wie auch immer. Ich befürchte, ich bin so doof und mache es«, sagte Chantal und hätte sich im gleichen Moment noch dafür ohrfeigen können.

»Du bist ein Schatz«, jubelte Lennart, sprang auf und dieses Mal war er es, der Chantal in den Arm genommen und geküsst hatte. Und wenn sie nicht völlig weggetreten war in diesem Moment, dann war sein Kuss mindestens noch eine halbe Sekunde länger, als ihrer.

Sie war zwar hochgradig nervös und hatte ein furchtbar schlechtes Gefühl dabei, aber sie zog tatsächlich die Sache mit der Falschaussage durch. Wenn auch nicht viel, aber wenigstens ein bisschen erleichterte es ihr die Tatsache, dass sie ihm tatsächlich glaubte. Warum, konnte sie allerdings nicht sagen. Sie hatte sich schon so oft geschworen es diesem Typen heimzuzahlen, wenn sie nur die Möglichkeit dazu hätte. Und was machte sie? Sie rettete ihm doch tatsächlich den Arsch. Der Polizeibeamte, der die Aussage aufgenommen hatte, fragte mehrmals kritisch nach, warum sie denn erst jetzt gekommen war, um diese Aussage zu machen.

»Wissen sie«, fing Hermine an und wunderte sich selbst über ihre Dreistigkeit. »Am Anfang war ich einfach nur sauer, weil ich ihm dauernd gesagt habe, er solle sich von diesem Typen fernhalten. Ich habe mir gleich gedacht, dass da etwas nicht stimmt. Aber nein, er wollte ja immer auf diese wichtigen Partys. Und da hab ich gesagt, ohne mich. Du kommst noch in Teufelsküche. Aber er hat ja nicht auf mich gehört, der Idiot. Und wenn ich ehrlich bin, habe ich mich einfach nur darüber geärgert, dass er nicht auf mich gehört hat. Und ich dachte, es wäre eine Lehre für ihn, wenn ich ihn erst einmal ein bisschen schmoren lasse.«

Sie kam tatsächlich mit ihrer Geschichte durch, Lennart wurde wieder entlassen und sie konnte doch tatsächlich eine Woche Ballermann mit ihrer Freundin buchen. Besser gesagt, Hermine hatte gebucht. Und wie könnte es anders sein? An ihrem letzten Arbeitstag kam ihr mittlerweile furchtbar freundlicher und immer zuvorkommender Kollege, der sogar manchmal die Zeit gefunden hatte, ein wenig mit ihr zu flirten, auf sie zu und verabschiedete sich mit einem Satz, der sie den ganzen Urlaub begleiten sollte.

»Ich wünsch dir viel Spaß. Pass auf dich auf. Und sei mir auf keinen Fall untreu. Das würde mir das Herz brechen.«

»So ein blöder Arsch«, fluchte sie den ganzen Weg nach Hause vor sich hin. »Ich lasse mir doch von dir kein schlechtes Gewissen machen, wenn ich nächste Woche einen Spanier in die Kiste ziehe.« Immer wieder versuchte sie sich das einzureden und war sich am Ende sicher, dass es mit genügend Sangria kein Problem mehr sein würde, Lennart zu vergessen, wenn es darauf ankam.

Kapitel 17

Das Wetter hätte schlechter nicht sein können, als sich Chantal und Hermine aufgemacht hatten, den Ballermann zu erobern. Es regnete in Strömen und die beiden waren klatschnass, nachdem sie, so schnell es ihnen möglich war, vom Taxistand ins Flughafenterminal gerannt waren.

»So ein Mistwetter!«, fluchte Chantal und zog ihre durchweichte Kapuzenjacke aus.

»Was ist das?«, fragte Hermine und deutete mit dem Finger auf das Oberteil ihrer Freundin. Chantal hatte gleich zur Feier des Tages ihr nagelneues Urlaubs- und Ballermann Top angezogen. Scheinbar kannte ihr Selbstvertrauen trotz einiger Rückschläge keine Grenzen. Dieses minimalistische Kleidungsstück zeigte soviel von ihren Brüsten, dass sie auch genauso gut nur im BH oder Bikini hätte gehen können.

»Das ist mein neues „in den Urlaub flieg Oberteil". Schließlich muss ich mich ja ein bisschen auf das einstimmen, was uns erwartet.«

»Und was hat das mit deinen Brüsten zu tun?«, wollte Hermine wissen und machte sich schon ernsthaft Sorgen über den Verlauf ihres Urlaubs.

»Mein Gott Hermine, auf Malle ist halt alles ein bisschen freizügiger. Und ich fang eben schon ein wenig vorher damit an. Schau mal«, sagte sie stolz zu Hermine. »Die da drüben sehen schon die ganze Zeit zu mir herüber.«

»Das sind wahrscheinlich die Kumpels vom Präsidenten der hoffnungslosen Weight-Watchers-Gruppe.«

»Ha, ha. Sehr witzig. Wenn ich dich so höre, hätten wir wohl lieber in den bayrischen Wald in ein Rentnerhotel gehen sollen.«

»Ist ja schon gut«, sagte Hermine, hob abwehrend beide Hände vor sich und konnte nach ihrem wilden Abenteuer mit dem Staatsfeind Nr. 1 ihrer Kleinstadt, sogar ein wenig über die Offensive ihrer Freundin schmunzeln. Die beiden machten sich auf den Weg zur Gepäckaufgabe und Chantal deutete Hermine an, einen Blick in ihr überdimensional großes Handgepäck zu werfen.

»Schau mal, was ich hier habe«, sagte sie und zeigte mit einem Augenzwinkern auf die Sektflasche in ihrer Tasche.

»Der elfte September ist wohl spurlos an dir vorübergegangen, oder?«, fragte Hermine und Chantal hatte keine Ahnung, was diese Anspielung jetzt schon wieder sollte. Konnte sie denn nicht einmal locker sein und sich einfach mit ihr über ihren kleinen Beschleuniger hermachen?

»Was hat mein Sekt mit dem elften September zu tun?«, stellte sie die Gegenfrage.

»Weil man seitdem keine Flüssigkeiten mehr mit an Bord nehmen darf.«

»Echt?«

»Echt!«

»Egal«, sagte Chantal. »Dann hauen wir die Flasche eben jetzt schnell weg. Wir haben doch noch ein bisschen Zeit.«

»Oh je, das fängt ja gut an«, stöhnte Hermine. »Und ich hab immer gedacht, was sind denn das für Assis, die besoffen in den Flieger steigen.«

»Jetzt weißt du eben, dass das nicht zwangsläufig so sein muss«, entgegnete Chantal, zog die Flasche aus der Tasche und ließ den Korken quer durch das Terminal fliegen. Dummerweise traf er einen Flughafenangestellten am Kopf und Chantal zog ihre Freundin mit sich um die Ecke, wie ein Kind, das einem ahnungslosen Passanten mit einem Blasrohr ein Kügelchen ins Genick geschossen hatte und sich blitzschnell verstecken muss. Chantal lachte schelmisch und spähte vorsichtig um die Ecke, wo sie den Mann sehen konnte, der sich hektisch umschaute, woher der Korken wohl gekommen war.

»Das war knapp«, sagte sie und strahlte Hermine dabei an, weil sie sich diebisch darüber gefreut hatte, endlich mal wieder einen kleinen Streich gespielt zu haben. Sie gingen noch ein Stückchen weiter und machten sich, etwas abseits, am frühen Morgen über die Flasche Sekt her. Da Hermine es nicht schaffte, viel davon zu trinken, blieb wieder mal alles an Chantal hängen. Sie wiederum wollte auf keinen Fall etwas von dem guten Tröpfchen vergeuden und trank so fast die ganze Flasche alleine. Als dann der Flug nach Mallorca endlich aufgerufen wurde, hatte Chantal das Gefühl, ihre Schuhsohlen wären deutlich runder als zuvor. Irgendwie hatte sie leichte Probleme mit der koordinierenden Motorik. Hermine konnte gerade noch verhindern, dass ihre mittlerweile ziemlich betrunkene Freundin die ersten Ballermann-Hits schon anstimmte, bevor sie diesen erreicht hatten.

Gleichzeitig mit dem Flugzeug setzte sich auch Chantals Magen in Bewegung. Zumindest hatte sie das Gefühl, dass dessen Inhalt sich ständig auf und ab bewegte.

»Oh Mann, ist mir schlecht«, stöhnte sie und Hermine konnte beobachten, wie die kurz zuvor erworbene Solariumbräune langsam Chantals Gesicht verlies. Der Kapitän flog eine lang gezogene Schleife und Hermine hatte ernsthafte Zweifel, dass sie und ihre Kleider fleckenlos am Ziel ankommen würden.

»Du hast ja auch fast eine ganze Flasche Sekt getrunken«, sagte Hermine vorwurfsvoll und rutschte instinktiv ein Stückchen von Chantal weg. Besser gesagt, sie wollte wegrutschen. Ging aber nicht, weil die verdammten Sitze noch kleiner als früher geworden waren.

»Und du bist schuld«, entgegnete Chantal und verdrehte schon leicht die Augen.

»Was? Wieso das denn?«

»Hättest du mehr getrunken, hätte ich nicht so viel trinken müssen«, versuchte Chantal ihre Situation zu rechtfertigen. »Scheiße«, fluchte sie weiter. »Kann der nicht mal aufhören, ständig im Kreis zu fliegen?«

»Macht er nicht«, antwortete Hermine trocken und im selben Moment erloschen die Anschnallzeichen. Chantal löste sofort ihren Gurt und quälte sich aus dem Sitz. So schnell es ging schwankte sie den Gang entlang und war die erste, die auf dem Weg an den Ballermann die Toilette aufsuchte. Auch wenn sie nicht mehr ganz Herr ihrer Sinne war, kam ihr plötzlich der Gedanke, dass sie immer eine große Klappe gehabt hatte, und über die verdammten Penner, die schon im Flugzeug besoffen waren, gelästert hatte. Schließlich würden sie den Ruf der Deutschen in Mallorca ruinieren.

Sie öffnete die Tür und war auf der garantiert kleinsten Toilette der Welt angekommen. Das unerwartete Platzproblem verdrängte schlagartig den Gedanken an die besoffenen Landsmänner und stellte sie vor ein schier unlösbares Problem. Warum zum Teufel hatte sie so oft Probleme mit Toiletten? Um nicht mit dem Hintern auf dem Gang stehen zu bleiben, schob sie sich in die Kabine und zog die Tür hinter sich zu. Das erste Problem war gelöst. Das nächste aber auch schon da. Es wäre zwar machbar gewesen, sich umzudrehen und auf die Toilette zu sitzen. Was in diesem winzigen Örtchen aber definitiv nicht möglich zu sein schien, war, sich vor die Kunststoffschale, die die Kloschüssel darstellte, zu knien und den Mageninhalt treffsicher in deren Inneres zu entleeren. Weil sie für diese Tageszeit eindeutig zu betrunken war, wollte sie wenigstens nicht auch noch eine riesige Sauerei auf der Toilette hinterlassen. Im Stehen schied daher ganz aus. Während Chantal nach einer Lösung für ihr Problem suchte, spürte sie, wie sich ihr Magen immer schneller anhob und wieder senkte. In letzter Sekunde hatte sie den rettenden Einfall. Sie setzte sich auf den Toilettendeckel und schaffte es dabei, ihren Kopf über das winzige Waschbecken zu halten. Es war wirklich sehr winzig und der Abfluss auch nicht für unverdauten Mageninhalt ausgelegt. Der verstopfte nämlich sofort und ihr Frühstück, bei dem mit Sicherheit auch noch einige Reste des üppigen Abendessens vom Vortag dabei waren, schwappte gefährlich nahe am Rand des Beckens auf und ab.

»Mensch«, fluchte Chantal. »Kann dieser Idiot nicht ein bisschen vorsichtiger fliegen?«

Als ob es ihr nicht eh schon schlecht genug gewesen wäre, musste sie jetzt auch noch mit ihren Händen in der stinkenden Brühe vor ihr herumfingern, um irgendwie die recht breiige Masse durch den Abfluss zu bekommen. Nach etwa fünfzehn Minuten hatte sie es geschafft, die Toilette wieder in etwa demselben Zustand zu verlassen, wie sie diese angetroffen hatte. Sie öffnete die Tür und ein total besoffener, übel riechender Urlauber mit Socken in Badelatschen stand direkt davor.

»Jetzt wird's aber Zeit, Schnucki«, lallte er und drückte sich an Chantal vorbei. Die war jetzt wieder relativ klar im Kopf, nachdem sie sich einiges durch denselben hatte gehen lassen, und schämte sich, nun auf derselben Stufe zu stehen. Na ja, eigentlich ja nur fast. Denn immerhin hatte sie keine Socken in ihren Sandalen.

»Geht's wieder?«, fragte Hermine, als ihre Freundin sich endlich wieder auf ihren Platz fallen ließ.

»So einigermaßen«, antwortete sie. Die teuer erkaufte Farbe wollte allerdings immer noch nicht zurück in ihr Gesicht kommen.

»Du siehst auch echt beschissen aus«, stellte Hermine gnadenlos fest.

»Na toll. Muss das jetzt auch noch sein?«

»Ich darf das. Ich bin deine Freundin.«

»Klar darfst du. Aber du musst nicht.«

»Doch. Wenn ich nichts sage, dann hältst du mir nachher wieder vor, ich hätte dir ruhig sagen können, dass du scheiße aussiehst.«

»Auch wieder war.«

»Siehst du.«

»Können wir uns dann drauf einigen, dass mein aktueller Zustand Verbesserungspotenzial hat?«

»Meinetwegen«, stimmte Hermine zu. »Extremes Verbesserungspotenzial.«

»Von mir aus.«

Den Rest des Fluges verbrachte Chantal an Hermines Schulter und schlief einen Teil ihres Rauschs aus.

Kapitel 18

Nachdem Chantal während der Busfahrt ans Hotel fast nahtlos an ihren Schlaf im Flieger angeknüpft hatte, war sie wieder ziemlich fit, als sie endlich ankamen. Zumindest fit genug, um sofort die Taschen aufs Zimmer zu bringen, in einen Bikini zu schlüpfen, der mit ihrer Oberweite wahre Wunder vollbrachte und sich, ohne über Los zu gehen, eine Liege zu schnappen. Natürlich in der prallen Sonne, denn schließlich sollte man ja auch sehen, dass sie im Urlaub war. Hermine hatte anfangs nichts Besseres zu tun, als wieder einmal Chantals Dekolleté zu beobachten, wie dieses bei jedem Schritt kleine Wellen von innen nach außen warf.

»Ist das Absicht?«, fragte Hermine, die für den ersten Besuch am hoteleigenen Pool einen groß-flächigen Badeanzug gewählt hatte.

»Was genau meinst du damit?«, fragte Chantal mit einem diebischen Grinsen im Gesicht. »Spielst du etwa auf meine Wunderwaffe in Sachen Brust-perfektionierung an?«

»Ich meinte die ständigen Wellen, die wohl genau durch dieses Kleidungsstück immer hin und her wandern.«

»Du bist ja bloß neidisch.«

»Genau«, antwortete Hermine und nahm sich vor, den ganzen Urlaub nichts mehr zum Thema Brüste zu sagen. Außer, es würde irgendwie zu ihrem eigenen Schutz beitragen. Sie hatte zwar keine Ahnung, wie sie darauf gekommen war, aber bei den Aktionen, die ihre Freundin mit ihren zwei Lieblingen gelegentlich veranstaltete, könnte es vielleicht schon mal passieren, dass Leib und Leben in Gefahr sein könnten. Wie auch immer, sie kam nicht weiter dazu diesen Gedanken zu Ende zu führen, denn ihr fiel gerade siedend heiß ein, dass sie ein kleines Detail der Reise, und vor allem der Hotelanlage, bisher vergessen hatte zu erwähnen. Und jetzt, wo sie schon mal da waren, wollte sie einfach abwarten, bis ihre Freundin von selbst drauf kommen würde. Lange dauerte es allerdings auch nicht, bis Chantal realisiert hatte, dass irgendetwas nicht ganz normal war. Zuerst war ihr aufgefallen, dass die Männer hier überdurchschnittlich gut aussehend und gepflegt waren. Dass sie meist paarweise durch die Anlage schlenderten und das gelegentlich auch noch Arm in Arm, führte sie auf die ausgelassene Stimmung von Mallorca zurück. Was ihr anfänglich wie der Himmel auf Erden erschienen war, relativierte sich ziemlich schnell dadurch, dass auch die Frauen in der Regel deutlich schlanker als sie selbst waren. Etwas irritiert war sie auch aufgrund der Tatsache, dass komischerweise mehr Frauen als Männer zu ihnen herübersahen.

»Fällt dir was auf?«, fragte Chantal leise ihre Freundin.

»Nein«, antwortete sie wenig glaubwürdig. Was auch nicht besser wurde, als sie ihren Satz beendet hatte. »Ist doch alles ganz normal hier.«

»Dir fällt also nicht auf, dass hier komischerweise immer die Männer in Gruppen und auch die Frauen meistens Pärchenweise unterwegs sind?«

»Ach das meinst du«, entgegnete Hermine und konnte Chantal dabei nicht ansehen.

»Ja, das mein ich.«

»Hm«, sagte Hermine mit einem letzten Schimmer an Hoffnung, vielleicht um eine Erklärung herumzukommen.

»Du weißt doch was, oder?«, hakte Chantal nach.

»Ein bisschen was.«

»Und das wäre? Ich bin ganz Ohr.«

»Es war eben nichts anderes mehr frei.«

»Du willst mir jetzt aber nicht sagen, dass wir hier in einer Anlage sind, in der sich nur Frauen für mich interessieren, weil die Männer mit sich selbst beschäftigt sind.«

Hermine sah nur auf den Boden und schwieg.

»Das kann ja wohl nicht wahr sein. Ich bin einmal auf Malle und du buchst einen Homoclub«, stöhnte Chantal, stand auf und lief in ihrer Verzweiflung zielsicher auf die Poolbar zu.

»Ich brauche was mit viel Alkohol«, sagte sie zu der männlichen Bedienung, die genauso gut auch für Calvin Klein hätte modeln können.

»Super«, dachte sich Chantal. »Der Typ hier ist der absolute Oberhammer. Aber garantiert schwul. Toll. Ich bin im Paradies und darf nicht an den Apfel.«

Gerade als sie sich den zweiten Drink bestellt hatte, gesellte sich Hermine zu ihr an die Theke. Sie setzte sich zuerst wortlos an die Bar und der unverschämt gut aussehende Barkeeper kam sofort auf sie zu und fragte sie in leicht gebrochenem aber gut verständlichem Deutsch.

»Was darf ich ihnen bringen schöne Frau?«

»Ich nehme das Gleiche wie meine Freundin hier.«

»Bist du wirklich meine Freundin?«, wollte Chantal wissen.

»Klar, was soll denn die dämliche Frage?«

»Ich dachte meine Freundin würde mich nicht in die Hölle mit so vielen attraktiven Männern stecken, die es wahrscheinlich nicht einmal interessieren würde, wenn Heidi Klum hier nackt auf und ab ginge.«

»Jetzt stell dich mal nicht so an. Mallorca besteht ja nicht nur aus diesem Hotel hier. Man könnte gerade meinen, wir wären nicht fähig in die Stadt zu gehen, um uns ein paar Schnittchen aufzureißen.«

»Auch wieder wahr«, sagte Chantal, der der Alkohol schon wieder etwas in den Kopf gestiegen war. Sie schaute ihre Freundin an und hatte dabei einen ziemlich verwunderten Gesichtsausdruck.

»Was?«, fragte Hermine. »Ist sonst noch irgendetwas scheiße?«

»Hast du gerade von Schnittchen aufreißen gesprochen? Hab ich das richtig verstanden?«

»Ja. Und?«

»Das ist das erste Mal, dass du so was sagst.«

»Ja, ich weiß. Ich bin halt ein bisschen später dran.«

»Na ja, egal. Der Drecksack von Marc hat dir scheinbar gut getan.«

»Wenn du meinst. Apropos Drecksack, was macht denn Lennart?«, wollte Hermine plötzlich wissen, als sie ihren Cocktail serviert bekam.

»Da werde ich gerade überhaupt nicht schlau draus«, antwortete Chantal und ärgerte sich im selben Moment, dass sie jetzt auch noch im Urlaub an ihn erinnert wurde. Aber lange hätte es wahrscheinlich eh nicht gedauert, bis der Arsch es geschafft hätte, sie hier auf Malle heimzusuchen. Auf irgendeine Art und Weise.

»Am letzten Tag im Büro hatte ich fast das Gefühl, er würde endlich etwas für mich empfinden. Und dieses Mal kam es mir sogar nicht einmal so unwirklich vor.«

»Scheiße«, schrie Hermine und spuckte den ersten Schluck ihres Drinks wieder aus.

»Wieso scheiße? Was passt dir denn daran nicht, wenn ich die wage Aussicht habe, vielleicht auch einmal Glück zu haben?«

»Das meinte ich doch gar nicht«, antwortete Chantal und konnte gerade noch den Würgereflex unterdrücken. »Ich wollte sagen „Scheiße, was trinkst du da?" Aber ich musste erst wieder runterschlucken, was mir hochgekommen war.«

»Keine Ahnung. Ich hab nur gesagt mit viel Alkohol. Und das kam dann dabei raus.«

»Bäh, manchmal bist du schon ein bisschen eklig.«

Chantal hatte dagegen schon wieder ihren Level erreicht und entweder übertrieb Hermine gnadenlos oder ihre Geschmacksrezeptoren waren völlig hinüber. Sie kippte sich auch ihren zweiten Drink hinter die Binde und als sie langsam den Blick von ihrem leeren Glas abwandte und wieder nach oben in Richtung Bar schaute, stand ein in Stein gemeißelter Sixpack direkt vor ihr und sprach sie auch noch an.

»Darf es noch etwas sein, schöne Frau?«

»Ich nehme noch einen, und das mir der schönen Frau kannst du dir sparen.«

»Willst du nicht mal langsam aufhören mit dem Selbstmördergetränk hier?«, sagte Hermine, doch ihre Freundin ging überhaupt nicht darauf ein.

»Faselt der was von schöner Frau und so. Pah, ist doch eh nur hohles Geschwätz. Der ist doch genauso schwul wie alle anderen geilen Männer hier.«

»Das stimmt so nicht.«

»Was soll das jetzt heißen?«

»Das Personal ist in solchen Clubs bestimmt immer heterosexuell.«

»Wieso das denn?«

»Ist doch logisch. Wenn der jetzt auch schwul wäre, käme er wahrscheinlich aus der Belagerung der Gäste gar nicht mehr raus. Und so kann er in Ruhe arbeiten.«

»Echt?«

»Echt!«

»Scheiße«, stöhnte Chantal.

»Was ist denn jetzt schon wieder?«, ächzte Hermine.

»Der hat schöne Frau zu mir gesagt, hicks«, antwortete Hermine mit nicht mehr ganz deutlicher Aussprache. Und dass er zu jeder Frau schöne Frau gesagt hatte, konnte sie nicht beeindrucken. »Meinst du, ich kann das wieder irgendwie hinbiegen? Also, dass ich ihm gesagt habe, das mit der schönen Frau kann er sich sparen.«

»Vielleicht hast du ja Glück und er steht sogar auf deinen Monster Push-Up Bikini. Aber heute sicher nicht mehr.«

»Echt?«

»Ahhhhh«, schrie Hermine und schleppte ihre Freundin in Richtung Zimmer, bevor der nächste „Mit-viel-Alkohol-Drink" vor ihrer Nase stand. »Jetzt gehst du mir aber mit deinem dauernden „echt" echt auf die Nerven.«

»Echt?«, lallte Chantal schon beinahe unverständlich und freute sich diebisch, dass sie sogar in diesem Zustand noch zu einem Späßchen fähig gewesen war.

Kapitel 19

Na prima«, sagte Chantal enttäuscht, nachdem sie am nächsten Morgen ihr Frühstück in sich hineingeschlungen hatte und an der Poolbar feststellen musste, dass der einzige Hetero-Mann weit und breit heute seinen freien Tag hatte. Sie konnte sich zwar nicht mehr an alles genau erinnern, aber sie wusste, dass sie etwas klarzustellen hatte. Und zwar, dass er sich das mit der schönen Frau auf keinen Fall sparen konnte. Doch anstatt ihren Fehler vom Vortrag wieder ausbügeln zu können, musste sie mit anschauen, wie eine viel zu schlanke und auch noch extrem gut aussehende Frau den Platz ihrer Urlaubstrophäe eingenommen hatte. Aus einem für Hermine nicht nachvollziehbaren Grund hatte sich Chantal vorgenommen, genau diesen einen Mann abzuschleppen. Warum auch immer. Wahrscheinlich wollten die meisten Männer hier sowieso nix anderes, als ein Abenteuer. Aber es war nicht wirklich einfach, Chantal dazu zu bewegen, die Hotelanlage zu verlassen.

»Da draußen gibt es wahrscheinlich haufenweise scharfe Kerle, die nur darauf warten dich kennenzulernen«, sagte Hermine schon fast flehend zu ihrer Freundin. Denn auch wenn sie nicht ganz so erpicht darauf war, einen Mann kennenzulernen, wollte sie wenigstens mal aus ihrer Clubanlage raus. Sie hatte zwar überhaupt kein Problem damit sich darin wohlzufühlen, aber nachdem sie jetzt endlich in Form ihres Abenteuers mit Marc ein wenig Blut geleckt hatte, wollte sie wenigstens ein bisschen flirten.

»Ja genau«, antwortete Chantal abwertend. »Und am Ende des Tages bekomm ich noch die Wildcard für Germanys next Top-Model.«

»Och Mensch«, stöhnte Hermine. »Ich geh jetzt auf jeden Fall an den Strand. Wenn du lieber hier bleiben willst – bitte. Aber ich will jetzt endlich ans Meer.«

»Ist ja gut«, antwortete Chantal widerwillig. »Ich komm ja mit. Aber zwischendurch kommen wir noch mal her und schauen.«

Hermine sagte gar nichts mehr, sondern machte sich kopfschüttelnd auf den Weg zurück zu ihrem Zimmer, um die Sachen für den Strand zu holen. Und gerade weil Chantal sich heute so anstellte, wollte sie jetzt doch ihren Kampfanzug anziehen. Sie hatte sich nämlich einen ähnlichen Bikini wie Chantal zugelegt. Nur hatte sie ihr das nicht gesagt, weil sie eigentlich auch davon ausgegangen war, dass sie ihn sowieso nie anziehen würde. Aber jetzt musste es einfach sein. Erstens wollte sie schließlich flirten und zweitens war Chantal dadurch sicher zu motivieren. Garantiert würde sie es nicht ertragen, ihre Freundin in so einer aufreizenden Kleidung alleine gehen zu lassen. Das war es ja, was sie immer von ihr wollte. Sie hatte immer zu ihr gesagt, sie solle sich ein bisschen heißer anziehen, dann würden sie beide leichter zum Flirten kommen. Chantal hatte immer Angst gehabt, die graue Maus neben ihr, würde die Männer auch von ihr fernhalten. Hermine machte sich fertig zum Angriff und Chantal staunte nicht schlecht, als sie das Wunder eines Push-Up Bikinioberteiles an ihrer Freundin bewundern konnte.

»Holla die Waldfee«, sagte Chantal und pfiff laut-stark durch die Finger. Sie zog ebenfalls ihr Oberteil mit ausgeprägter Hebefunktion an und sie machten sich gemeinsam auf den Weg an den Strand. Chantal versuchte die Gedanken an den überirdischen Bar-keeper abzuschütteln. Was auch nicht wirklich schwer gewesen war. Denn schon als die beiden an der ersten Strandbar angekommen waren, ernteten sie unzählig Blicke und Pfiffe. Sie hatten beide ihre Schokoladen-seite in den Vordergrund gestellt und alles, was nicht so optimal proportioniert war, mit luftigen Tüchern verdeckt. Ein topmoderner Sonnenhut und der letzte Schrei, was der Sonnenbrillenmarkt zu bieten hatte, rundeten das Bild der zwei kurvenreichen Er-scheinungen ab.

»Siehst du«, flüsterte Chantal ihrer Freundin zu, während ihr Selbstbewusstsein gerade auszog, um den Himalaja zu erklimmen. »Wenn oben rum alles zurechtgerückt ist, dann schauen die Kerle den Rest erst gar nicht so genau an.«

»Eigentlich traurig«, antwortete Hermine. »Aber immerhin besser, als wenn gar keiner guckt.«

»Du sagst es. Auf in den Kampf!«

Es dauerte nicht lange, bis sich eine ganze Reihe Männer, die zum Teil nicht mal schlampig waren, zu den beiden hinzugesellten und mehr Sangria bestellten, als sie jemals hätten trinken können. Die Stimmung wurde immer ausgelassener und Chantal dachte endlich mal nicht an Lennart und auch nicht an den Barkeeper, von dem sie noch nicht einmal den Namen kannte. Doch der Zustand hielt nicht lange an. Sie hatte gerade einen recht ansehnlich Typen im Arm und hüpfte zur Musik durch den Sand, als plötzlich ihr Adonis von einem Cocktailmixer an der Theke der Strandbar stand. Und von einem Moment auf den anderen war sie wieder wie gelähmt. Sie ließ ihren Kerl ohne weitere Begründung stehen und ging geradewegs auf Superman zu. Hermine sah ihr hinterher und schüttelte nur den Kopf, als sie den Grund für ihren plötzlichen Abgang gesehen hatte. Doch dieses Mal interessierte sie sich mehr für sich selbst. Sie hatte nämlich Kontakt zu einem echten Spanier aufgenommen. Und die gab es ja am Ballermann nicht allzu oft. Zumindest nicht vor der Theke. Ihre Unterhaltung war zwar nicht ganz einfach, denn er konnte weder deutsch noch halbwegs vernünftig englisch, aber das war ja auch nicht ganz so wichtig. Sie tanzten, tauschten vielsagende Blicke aus und kamen sich dabei auch immer ein Stückchen näher. Gut, der Spanier tauschte wahrscheinlich mehr Blicke mit Hermines Brüsten, als mit ihren Augen aus, doch das war ihr in diesem Moment völlig egal. Der Kerl war jung, braun gebrannt, figurtechnisch nicht zu verachten und vor allem war er Spanier. Irgendwie dachte Hermine, es würde Zeit für einen Spanier werden. Ihr Erfahrungsschatz war zwar nicht wirklich groß, aber ein eins zu eins Vergleich könnte ja sicherlich nicht schaden. Falls die Spanier noch besser sein würden als die Deutschen, könnte sie ja eine Buchhandlung am Ballermann aufmachen. Diesen Gedanken schob sie aber wieder ganz schnell beiseite, denn sie hatte hier noch niemanden etwas lesen sehen, außer der einen Seite der Bildzeitung mit der nackten Studentin, die zufällig ganz ausgefallene Neigungen hat. Und während sie sich zielsicher ihrem zweiten Liebesabenteuer näherte, machte Chantal mit ihrem Spanier, der eigentlich ein Portugiese war, auch ganz gute Fortschritte. Zumindest wusste sie mittlerweile, dass sein Name Jose war. Das war in Spanien wohl unter den Vornamen, wie in Deutschland Müller, Mayer oder Schulze unter den Nachnamen. Was ja aber völlig egal war. Denn auch Chantal hätte gerne einen Spanier oder Portugiesen, was für sie sowieso dasselbe darstellte, auf der Liste gehabt. Irgendwann wollte sie dann aber trotzdem nach Hermine schauen. Nur für den Fall, dass sie Hilfe brauchen würde. Die war allerdings schon weg. Es war nichts mehr von ihr zu sehen. Chantal blickte sich suchend um, aber sie konnte ihre Freundin nirgendwo finden. Instinktiv schaute sie auf ihr Handy und da war doch tatsächlich eine Nachricht von Hermine.

„Bin mit Miguel unterwegs. Wir sehen uns auf dem Zimmer."

»Das gibt's doch nicht«, sagte Chantal leise und wunderte sich, mit was für einer Geschwindigkeit ihre eigentlich ultraprüde Freundin in letzter Zeit die Kerle abschleppte. Sie verschwendete noch ganz kurz einen Gedanken daran, dass Miguel wohl der nächste Müller, Mayer, Schulze war, und widmete sich wieder ihrem portugiesischen Spanier. Obwohl es taghell und eigentlich noch nicht einmal Zeit fürs Abendessen war, näherte sich auch Chantal mit großen Schritten ihrem Urlaubsliebeserlebnis. Alles lief super. Jose bezahlte die komplette Rechnung und bot ihr an, in seiner kleinen Wohnung für sie zu kochen. Das fand sie unheimlich romantisch. Das Essen war prima und danach dauerte es nicht mehr lange, bis es richtig knisterte zwischen den beiden. Für Chantal war eines definitiv klar. Das hier würde der optisch mit Abstand beste Typ in ihrem Liebesleben werden. Er stand vor ihr und sein makelloser Körper war fast schon illusorisch für sie. Er kam ihr so unerreichbar vor. Und trotzdem war er zum Greifen nahe. Sie streckte ihre Hand aus und berührte seine muskulöse Brust. Im selben Moment streifte er den ersten Träger ihres Bikinioberteils über ihre Schulter und etwa eine Sekunde später fuhr die Gewissenspolizei mit Blaulicht mitten durch ihr Abenteuer. Wie die elektronische Laufbandwerbung eines Kaufhauses liefen die letzten Worte von Lennart vor ihrem geistigen Auge ab. Jetzt hat der verdammte Arsch irgendwas von wegen treu bleiben gefaselt und sie ließ sich auch noch davon ein schlechtes Gewissen machen. Sie kämpfte eisern dagegen an, versuchte ihren Spanier intensiver zu berühren, aber es wollte einfach nicht funktionieren. Sie hatte so ein beschissenes Gefühl dabei, dass sie hätte losheulen können. Chantal ging einen Schritt zurück, sah noch ein letztes Mal auf diesen in Stein gemeißelten Körper und traf eine Entscheidung.

»Tut mir leid«, sagte sie und spürte, wie sich sogar eine Träne in ihr Auge vorgearbeitet hatte. »Ich kann nicht.«

Ohne ein weiteres Wort ließ sie ihn stehen und rannte aus der Wohnung auf die Straße. Sie lief, so weit sie konnte. Auch wenn es nicht wirklich weit war. Völlig verwirrt ließ sie sich auf eine Bank an der Promenade fallen und starrte stumm in den Himmel. Warum musste Lennart sie auch noch im Urlaub heimsuchen? Warum zum Geier konnte sie jetzt nicht einfach mit diesem Modeltypen in der Kiste liegen und richtig Spaß haben!? Sie hatte doch schon genug unter ihm gelitten. Und jetzt versaute er ihr auch noch den Urlaubsflirt. So eine verdammte Scheiße.

An anderer Stelle erlebte Hermine in etwa zeitgleich ihr zweites erotisches Abenteuer. Obwohl sie es selbst fast nicht glauben konnte, war sie doch tatsächlich mit diesem Spanier in seine Wohnung gegangen. Und es war noch nicht einmal dunkel gewesen. Am helllichten Tage hatte sie einen Einheimischen am Ballermann aufgerissen. Unglaublich. Oder hatte er sie aufgerissen? Wie auch immer. Nicht einmal der Gedanke daran, dass ihr Lover in dieser Wohnung wohl schon unzählige Urlauberinnen vernascht hatte, konnte sie daran hindern, sich ihm hinzugeben. Wahrscheinlich war es sogar gut, dass sie nach Marc einen ebenso erfahrenen, wie in Anbetracht ihrer bisherigen Erlebnisse sehr exotischen Mann gefunden hatte, um doch tatsächlich ihren ersten geplanten One-Night-Stand zu haben.

Es war anders als bei Marc. Aber kein bisschen schlechter. Und auch, wenn es ihr sehr schwer gefallen war, hatte sie sich nach dem mindestens zweitbesten Sex ihres Lebens wieder aus dem Staub gemacht. Sie wollte in diesem Fall definitiv vermeiden, dass sie auf irgendeine Art abserviert werden konnte. An diesem Tag hatte sie das Zepter von Anfang an in der Hand gehabt und auch bis zum Schluss nicht abgegeben. Schweren Herzens schloss sie seine Tür und hatte auch nicht darauf reagiert, als er sie zum Bleiben bewegen wollte. Sie wusste genau, dass alles andere auch keinen Sinn gemacht hätte. Sie wollte sich nicht schon wieder verlieben. Und in ihrer Situation und der vorangegangenen lebenslangen Abstinenz hätte dies gut passieren können.

In Anbetracht dieser Tatsache und mit dem ganz entfernten Hintergedanken an Marc ballte sie die Faust und stieß ein zufriedenes, lang gezogenes »Ja« aus, als sie die Strandpromenade entlang schlenderte und langsam am Horizont die Sonne das Meer berührte. Auch wenn der Gedanke völlig abwegig war, hoffte ein ganz kleiner Teil von ihr, dass sich irgendwann herausstellen würde, dass Marc sich schon lange von seiner Frau getrennt hatte. Oder wenigstens trennen wollte. Sie wurde einfach das Gefühl nicht los, dass nicht alles, was zwischen ihnen in der kurzen Zeit war, für ihn nur ein Spiel dargestellt hatte. Diesen Gedanken verdrängte sie allerdings schnell wieder und war an diesem Abend voll und ganz mit sich und der spanischen Männerwelt zufrieden.

Ganz anders erging es Chantal. Die saß immer noch an derselben Promenade, etwa einen Kilometer entfernt von ihrer überglücklichen Freundin, auf ihrer Bank. Die Traurigkeit hatte sich mittlerweile in einen richtig schönen, ausgewachsenen Zorn verwandelt und ihr blieb in dieser Situation nur eine Möglichkeit. Wenn dieser Idiot ihr schon die Tour vermasselt hatte, dann sollte er es wenigstens erfahren. Dieses Mal würde sie es ihm nicht so einfach machen. Sie zog ihr Handy aus der Tasche und wählte seine Nummer. Bebend vor Wut wartete sie ein Klingeln nach dem anderen ab. Doch anstelle von Lennart meldete sich nur der dämliche Anrufbeantworter und säuselte ihr irgendeinen dummen Spruch von ihm vor.

»AAAAAAAAAHHHHHHHHHHHHHH«, schrie sie in ihr Handy, nachdem sie die Ansage unterbrochen hatte.

Schon wieder hatte er gewonnen. Zumindest irgendwie. Chantal atmete mehrmals tief durch und startete einen zweiten Versuch. Wenn sie ihn schon nicht direkt erreichen konnte, dann wollte sie wenigstens ihre Wut nutzen, um ihm über seinen Anrufbeantworter die Meinung zu sagen. Sie hatte Angst, ihren Ärger zu verdrängen und ihm wieder nicht zu sagen, was in ihr vorging. Sie wählte erneut und wartete auf die scheiß Ansage. Als dann endlich der verdammte „piep" gekommen war, legte Chantal los. Und zwar so laut, dass die nähere Umgebung an der Strandpromenade auch etwas davon hatte.

»Du verdammtes Arschloch. Ich weiß nicht, wie du das gemacht hast. Aber ich habe gerade den geilsten Spanier im Umkreis von mindestens tausend Kilometern stehen lassen. Und zwar nur wegen dir. Ich bin stinksauer auf dich. Wahrscheinlich war es eh wieder für die Katz. Wenn ich nach Hause komme, wirst du mich wieder wie den letzten Dreck behandeln und ich hab deshalb den wahrscheinlich besten Sex meines Lebens sausen lassen. Wenn du das irgendwann, irgendwie wieder gut machen willst, dann musst du dir aber ganz gewaltig was einfallen lassen. Ich ...«

»Chantal?«, war plötzlich eine Stimme im Hörer, die Chantal aufgrund ihrer Rage nur am Rande mitbekommen hatte und deshalb auch mehr instinktiv als bewusst darauf reagierte.

»Wer denn sonst?«, schrie sie weiter. »Und unterbrich mich nicht, verdammt noch mal. Wenn ich gerade schon dabei bin ...«. Plötzlich verstummte sie, nahm ihr Handy vom Ohr, sah es fragend an, führte es vorsichtig wieder zurück und erkundigte sich in normaler Lautstärke beim Anrufbeantworter, ob er vielleicht doch nicht der gewesen war, für den Chantal ihn gehalten hatte.

»Lennart?«, fragte sie verwundert.

»Ja, ich bin gerade reingekommen, als du angerufen hast, konnte aber erst abnehmen, als das Band schon lief.« Weiter sagte er nichts. Chantal wartete ein wenig auf die verbale Revanche, die mit Sicherheit übel werden würde. Aber es kam nichts. Kein böses

Wort. Nicht mal irgendein Wort. Die Pause schien unendlich. Bis Lennart endlich die Stille unterbrach.

»Es tut mir leid«, sagte er völlig ruhig.

»Was genau von den ungefähr drei Millionen möglichen Dingen meinst du damit?«, wollte Chantal wissen und schwankte noch zwischen Wut und Verwunderung. Verwunderung darüber, dass er so ruhig und besonnen geblieben war.

»Einfach alles. Ich war ein richtiges Arschloch dir gegenüber.«

»Da hast du allerdings recht.«

»Chantal?«, fing Lennart an und sprach aber nicht weiter.

»Was?«

»Darf ich dir heute etwas sagen, ohne dass du denkst, ich tu das nur, weil ich etwas von dir will?«

»Versuchs einfach. Aber ich verspreche dir nichts.»

»Versprich mir nur, dass du mich ausreden lässt.«

»OK.«

»Ich weiß, das klingt jetzt ziemlich blöd. Vor allem aus meinem Mund. Aber ich habe in den letzten Wochen sehr viel nachgedacht. Vielleicht ist dir auch aufgefallen, dass ich deutlich zurückhaltender geworden bin. Mir ist nämlich nicht nur klar geworden, dass ich mich wie ein Arschloch verhalten habe. Mir ist auch noch etwas ganz anderes klar geworden. Ich weiß, das klingt verrückt, aber ich bin mir mittlerweile hundertprozentig sicher.«

Lennart machte eine Pause und im gleichen Moment lief Hermine mit fragendem Blick auf sie zu. Chantal wedelte mit ihren Armen, um ihrer Freundin mitzuteilen, dass sie sich neben sie setzen und still sein sollte. Chantal hörte wie Lennart am anderen Ende der Leitung einmal tief durchatmete und dann weitersprach.

»Ich liebe dich«, sagte Lennart und Chantal war wie vom Blitz getroffen. Sie war unfähig zu antworten. Sie konnte nicht einmal ihren Mund wieder schließen, geschweige denn war sie zu einer Bewegung fähig. Jetzt war es Hermine, die mit den Armen wild gestikulierte. Doch Chantal bewegte sich keinen Millimeter. Erst als Lennart etwas sagte, löste sich ihre Starre ein wenig.

»Chantal, bist du noch dran? Sag doch irgendwas!«

»Äh, also. Ähm«, stotterte Chantal vor sich hin und wiederholte sich mehrfach. Sie war in ihrem jetzigen Zustand nicht fähig, vernünftig auf diese wohl weltbewegende Nachricht für ihr zukünftiges Leben zu antworten.

»Lennart, das muss ich jetzt erstmal verarbeiten. Ich melde mich aber auf jeden Fall. Und nicht weglaufen.«

Chantal nahm mit immer noch sturem Blick das Handy vom Ohr und machte auf ihre Freundin einen ziemlich debilen Eindruck.

»Lennart?«, fragte Hermine. »Habe ich das gerade richtig verstanden?«

»Mhm«, brummte Chantal vor sich hin und verdeutlichte ihre Aussage mit einem stummen Kopfnicken.

»Ja und? Wieso sitzt du hier auf der Bank und nicht auf dem Spanier? Und warum zum Teufel telefonierst du auch noch in deinem Urlaub mit diesem Arschloch?«

»Das Arschloch hat gesagt, dass er mich liebt.«

»WAS?«, schrie Hermine beinahe.

»Er hat gesagt, dass er mich liebt.«

»Hab ich schon verstanden, ich bin ja nicht schwerhörig.«

»Warum fragst du dann?«

»Weil das vielleicht gerade das letzte ist, mit dem ich gerechnet hätte?«

»Glaubst du mir geht´s anders?«

Chantal erzählte Hermine die ganze Geschichte ihres bewegten Nachmittages. Danach war Hermine an der Reihe.

Die beiden saßen noch bis spät in die Nacht aneinandergelehnt auf ihrer Bank und schauten in den Himmel, der sich nach und nach immer mehr mit Sternen füllte. Irgendwann, nach einer ziemlich langen schweigsamen Phase sagte Hermine plötzlich, was sie noch vor ein paar Wochen nie für möglich gehalten hätte.

»Ist schon beachtlich, was so zwei VOLL-SCHLANKE wie wir beide, alles erleben.«

»Da sagst du was.«

Die kleinen Geschichten hinter den Geschichten.

Nachdem einige meiner Bücher jahrelang ausschließlich als E-Books in den Online-Shops vertreten waren, freue ich mich sehr, dass diese nun auch (wieder) in gedruckter Form im Buchhandel erhältlich sind. Aus diesem Grund möchte ich euch, liebe Leser, auch ein wenig am Hintergrund der Bücher teilhaben lassen. Natürlich nur, wenn ihr Lust dazu habt. Wenn ihr hier angekommen seid, habt ihr (hoffentlich) das Buch gelesen und mir damit eine große Freude gemacht, weil ihr mir dadurch ein wenig eurer Zeit geschenkt habt. Solltet ihr darüber hinaus auch noch Interesse an ein paar zusätzlichen Informationen zur Entstehung der Story haben, was das eine mit dem anderen Buch zu tun hat oder was für Aktionen damit stattgefunden haben, findet ihr immer am Ende der jeweiligen Geschichte (also genau hier) meine Gedanken dazu.

Viel Spaß damit....und vielen Dank fürs Lesen!

Vollschlank

Was veranlasst einen Mann dazu ein Frauenbuch, oder neudeutsch Chick-Lit, zu schreiben? Diese Frage bekam ich ziemlich oft in Bezug auf Vollschlank gestellt.

Auch hier ist es wie bei den anderen Geschichten. Irgendwann kommt die Idee und die Geschichte nimmt ihren Lauf. Und sind wir doch mal ehrlich – welcher Mann bildet sich nicht ein, die Marotten seiner Frau und damit natürlich auch die der anderen zu kennen? Schließlich bekommen wir seit Jahren regelmäßig Nachhilfe von Mario Barth und so überzogen seine Darstellungen auch sein mögen, er hat definitiv recht. Als ich das erste Mal mit meiner Frau sein Live-Programm sah, bekam ich regelmäßig einen Hieb in die Rippen für mein hämisches Grinsen, wenn ich sie wieder einmal in seinen Ausführungen entdeckt habe.

Der Titel Vollschlank ist bei den beiden Protagonistinnen ebenso übertrieben gewählt, wie ihre Namen Chantal und Hermine. Die beiden verkörpern vielmehr das Problem, dass uns durch die Medien oft eingetrichtert wird, weibliche Formen wären schon als dick zu bezeichnen. Es dauerte daher auch ein kleines bisschen, bis die beiden ihre Komplexe beiseitelegten und sich ihrer Reize bewusst wurden.

Als Mann habe ich einfach versucht zu denken wie eine Frau, während ich die Geschichte schrieb. Aber wahrscheinlich habe ich eher gedacht wie ein Mann, der versucht wie eine Frau zu denken. Jedenfalls war es extrem lustig und es hat mir große Freude bereitet, viele der bekannten Klischees schonungslos zu verbraten.

Meine Frau hat behauptet, mir wäre das relativ gut gelungen. Daher hatte ich auch kein schlechtes Gefühl dabei, diese Geschichte zu veröffentlichen. Komischerweise gab es dann auch gerade für diese Geschichte sehr viele positive Rückmeldungen, obwohl das ja naturgemäß nicht wirklich mein Arbeitsgebiet ist. Sollte ich mir da Sorgen machen?

Ich hoffe, ihr hattet ebenfalls euren Spaß mit Chantal und Hermine. Mir sind die beiden echt ans Herz gewachsen und daher fanden sie sich ja auch in der Fortsetzung von Vollpfosten mit Rolililahla und den Bewohnern der Männer-WG in einer Skihütte wieder.

So ist das eben mit seinen Protagonisten. Wenn man sich über die Dauer einer Buchentstehung mit ihnen beschäftigt, möchte man sie an anderer Stelle schon gerne einmal wiedersehen. Zumindest geht es mir so.

Auch an dieser Stelle sage ich wieder vielen Dank für eure Zeit und dass ihr meine beiden Vollschlanken auf ihrer kleinen Reise begleitet habt.

In diesem Sinne – immer schön weiblich bleiben!

Euer
Thorsten Peter

Weitere Bücher von Thorsten Peter:

- Die Pubertät ist ein Arschloch
- HELTER SKELTER ON WHEELS
- Die Popcornschlange
- LAURA ROCKT! – Ein Abenteuer zwischen Musik und erster Liebe
- LAURA ROCKT! – Sommercamp und Bandcontest
-
- Vollpfosten
- Die Lösung ist eine Männer-WG
- Vollschlank
- Vollpfosten – Undercover in St. Anton
- Deppen gibt es überall – Mein Geiselnehmer ist ein Vollidiot
- LUX – Das Tor nach Luminea
- Jesus 2.0